愛妻コンサルタント
萩中 ユウ
Yu Haginaka

終わらない恋のはじめ方

Opening Story
素敵な恋がしたいんです！
………
マリ　26歳
保育士
いいなぁ…幸せそうで
SPECIAL
Cafe
marry
Baby
同級生のナツミもユカも結婚したし
ユカはすでに妊娠…
私が素敵な恋愛をして結婚できる日なんて来るんだろうか…
あっ料理教室に遅れちゃう！

はあっ
間に合った
2F
Cooking
CLASS
実は私
彼氏居ない歴＝年齢
仕事柄、男性との
出会いがなく…
ひまわりぐみ
マリせんせー
おえかきしよ
ねんどあそびしよー!!
マリせんせー
みてみて
ダンゴムシッ
さすがにヤバイと
オンナ度を上げるために
料理教室に通いはじめて
一ケ月
和の心
今日は
和食の基本を
やりますよー
はーーい
ゆでこぼす…と
ザバ〜ッ
ギャーッ
あっつーーッ
キャー
大丈夫?!
ガシャーン
ねぇねぇ
マリちゃん
料理教室に来た
きっかけって何?
は、花嫁修行?かな…
トントントン
そーなんだ!
彼氏いるの?
いないデス…

私は
彼氏いるんだけど
あんまりうまく
いってなくて
ユミ　29歳
IT企業
派遣社員
合コンで
知り合ったんだけどね
最近は
全然デートしてないの
うんうん
もう3日も
メールの返信が
ないんだよ！
忙しいのかな…
えーー！
ユミさん
彼氏がいるだけ
いいんじゃない…
シオリ　35歳
商社・営業事務
私
もう恋愛も結婚も
できる気しないわ…
どうしたの？
シオリさん…
ヒソヒソ
5年付き合った
彼氏さんと
別れたんですよ
はーーー
ペリ…

みんな恋愛に悩んでいるのね
ヒロコ 40歳 主婦・パート
結婚したら大変なことばっかりなんだから恋愛楽しまないと！
えっ
大変なの？
……
旦那は家事しないし姑はうるさいし…
アッハー
手伝ってくれてもいいのに！
ヒロコさんちょっと味がこいわよー
塩分はひかえなきゃー
姑
そうそうこれ今日買った本なんだけど参考になるかも
女子に人気の番組で紹介されてたのよ
溺愛されるわがままのすすめ
自分の人生を堂々と生きて、愛されちゃお
ラクに愛され自由に生きる
はいっ
溺愛される恋愛…？
ふ〜ん

えっ！溺愛される方法が書いてあるの？
カオリ　32歳
メーカー・企画担当
わがまま言ったら普通フラれちゃうでしょう～
ちょっとみせてっ
あっ…
どうかなぁー
顔が可愛い子だけの特権な気がする…
これで結婚できるの？
マリちゃんも読んでみたら？好きな人いるんでしょ？
この人のブログもおもしろいんだってー
いやでもただの片思いで…
え～そうなの？アプローチしなよ！
ズイ
ガンバリなよ～！
じゃぁいつでも相談してね！
ガシ
ガッ
は…はい
あの人たちに相談していいアドバイスがもらえるだろうか…

○△○ビル
BOOK STORE
あの本は面白そうだったから買おうかな
オススメ
あっあった！
ありがとうございましたー
私の本買ってくださってありがとうございます
えっ⁉
私 愛妻コンサルタントの萩中ユウです！
嬉しくってつい声かけちゃいましたー♥
かっかわいいっ
私の本がお役に立つと嬉しいです
素敵な恋愛してくださいね！
ユウちゃーん
あっ行かないと ありがとうございましたー
ポ〜…
本を買った日にそれを書いた本人に会うなんて…
これって運命だよね！
ユウさんに学べという…
まずは本をじっくり読もう！
ブログもチェックだ！

はじめに

好きな人のつくり方はもちろん、知っている。
どうやったら付き合えるのかも、知っている。
過去、いくつかの恋愛だって経験してきた。
だけど……

いつも、私ばっかり好きになって
いつも、私ばっかり不安になって
いつも、涙を流すのは私の方で
結局最後はお別れしてきた。
ただ、普通に幸せになりたいだけなのに。

はじめまして。愛妻コンサルタントの萩中ユウです。
現在は、女性の恋愛や結婚を支援するための講座やセミナーなどを主宰していま
す。
受講者は全国の20代～50代の女性たち。一度も男性との交際経験がない方、過去
の恋愛から男性不信になってしまった方、離婚によって心に傷を負った方。
背景こそさまざまですが、みなさん共通して「自分の恋愛に自信がない」と悩ま
れています。そして多くの方が、そんな自分を責めるのです。

そんな女性たちを見て、思いました。
過去の恋愛でたくさん涙を流してきたっていい。離婚していたっていい。
そもそも交際経験が少なくたって、もちろんいい。
大切なのは、今からそんな過去を上書きするだけの本気の恋をすることです。

何度も失恋を経験してきたって、何度も胸を痛めてきたって、人生で一度、「終わらない恋」にたどり着けばいいのです。

前著の2冊（『「1％も尽くさない」で一生愛される』・『恋愛上手なあの子がしてる 溺愛されるわがままのすすめ』）を読んでくださった方々からは、「彼氏ができました！」「結婚が決まりました！」といった嬉しいお声をたくさんいただきました。

ですが、恋愛はパートナーができてからがスタート。結婚は、実際に生活がはじまってからが本当のスタート。恋愛にゴールなんてないのです。

だからこそ、本当に必要なのは「彼氏の作り方」でも「結婚する方法」でもなく、

「終わらない関係の築き方」。もう、二人に別れがこなくて済むように。大切なパートナーと、ずっと一緒にいられるように。

本書は、実際に読者の方々から寄せられた恋のお悩みにお答えしています。片思い・復縁・結婚・離婚・浮気や家族とのトラブル等……。きっと、あなたにも共感する部分があるでしょう。だって、一度もトラブルのない恋愛なんて存在しないから。

お悩み内容は一見、「どうしようもないこと」に見えるかもしれません。ですがあなたの恋に「どうにもならないこと」は一つもなく、そこには必ず抜け道があります。この本は、そんなあらゆる抜け道を提示する一冊です。

パートナーとのトラブルを一つひとつ解消していけば、別れを選ぶことなくずっと一緒にいられます。これからは、問題が起きたら終わってしまう恋ではなく、何があっても「終わらない恋」を。

さあ、最後の恋にする心の準備は、できましたか？

終わらない恋のはじめ方　目次

Chapter 1

自信が持てないんです

こんな私でも、こんなアプローチでもいいですか？

萩中ユウ
愛妻コンサルタント
恋愛のお悩みを解決するエキスパート

マリ 26歳
保育士
自信がなくて彼にアプローチできない

Chapter 2

どうしても心配だし、不安です
重い女・面倒な彼女にはなりたくないのに

ユミ 29歳
IT企業・派遣社員
ネガティブ思考のせいで、重い女になりがち

Chapter 3

いつも相手とうまくいきません

伝えられない・甘えられない私をやめたい

シオリ 35歳
商社・営業事務
自分の気持ちを言葉にして伝えるのが苦手

Story 3 Shiori

Chapter 4

彼や家族が○○なんです

彼の嫌な所、両親の反対、トラブルetc.

ヒロコ 40歳
主婦・パート
夫からの愛情が感じられなくて愚痴ばかり

Chapter 5 どうすれば幸せな恋ができる？

復縁、不倫関係、浮気で悩んでいます

カオリ 32歳
メーカー・企画担当
「どうすれば結婚できるの？」と悩み中

編集協力　豊原みな（Ａｓ制作室）
ブックデザイン　トヨハラフミオ（Ａｓ制作室）
イラスト　鈴木みゆき（頁作工房）
ＤＴＰ　ＮＯＨＡ
編集　大石聡子（ＷＡＶＥ出版）

Chapter

1

自信が持てないんです

こんな私でも、
こんなアプローチでもいいですか？

マリ〈26歳／保育士〉
素直で控えめな性格。彼氏いない歴＝実年齢。少女漫画の影響で恋愛に対する理想が高くなっている。好きな彼はいるけれど、自信がなくて自分から誘えない。結婚願望があり子どもも欲しいのに、このままでは一生一人かもしれないと不安になっている。

Story 1.mari
片思いから一歩前進したい！
マリの家（実家暮らし）
素直にわがままを言おう！恋愛は娯楽♥
でもユウさん私の恋愛はじまってすらいないんです…
は
ん？
ピコーン
同級生グループ
近所にできた居酒屋コスパ最高だよ！
ナツミ
いいね！次の飲み会はそこで！
タカシ
タカシくん…
タカシくんとはナツミの結婚式で再会
元気⁉
えっ！タカシくん？

高校時代から
人気者だった彼
じーー
アハハハ
再会して以来
グループメールで
やりとり
しているけど…
駅から近いし
遅くなっても
平気だよね
お料理も
おいしそう
アヒージョ
食べてみたい
食べたこと
ないのー？ ww
個人的に
メッセージを送る
勇気なんてない！
よさそうな
お店だね！
送信
そう、
このタカシくんが
私の片思いの
相手なのです
ばたっ
なんでみんな
自分から誘ったり
できるの〜？
マンガだと
大体相手から
誘ってくれるよ？
彼女はいない
らしいけど
頑張ってデートに
誘ったとして
もし
断られたら…
Sorry!
ガーン
あわわわ…

絶対に立ち直れない…
私なんかムリムリ！二度とタカシくんに会えなくなる！
とはいえ、このままだと一生一人なんじゃ…
マリ先生カレシいないの〜？
結婚しないの〜？
グサ
マリ
マリーお風呂入っちゃいなさい
はぁい〜
恋愛したいのに行動できない…
はぁ
私って本当にダメだなぁ
ブクブクブクブク
ザブ〜
このままず〜っと一人なんて寂しいよぉぉぉ
うわ〜ん

素敵な恋愛
してくださいね！
はっ
落ち込んでちゃダメ！
ユウさんとの出会いを
ムダにしないぞ！
ダメダメ
ユウさんに
直接相談が
できればなぁ
ガチャ
ブログで
勇気を
もらおう！
そうだ
ぱかっ
えっ！
個人カウンセリング？
恋愛でお悩みの方に
期間限定で
個人カウンセリングします！
これは！
行く
しかない！
さっそく
申し込もう！
お申込みフォーム
自信がなくて
行動を起こせない私。
ユウさん！
どうしたらいいですか？
申し込み
CLICK
カチャ
カチャ

◇まずは「自信のない理由」を考えないこと

恋愛のご相談を受けていると、マリさんのように「自信がなくて一歩を踏み出せない」という方がたくさんいます。

もしあなたも「自信がない」と思っている一人だとしたら、自信がない理由を挙げてあきらめてしまっているかもしれませんね。

恋愛において自信がない理由は、きっといくらでも出てくるでしょう。美人じゃないから、もう若くないから、告白されたことがないから、失恋のトラウマがあるから……なんていう言葉が浮かんでくるかもしれません。

でも、そんな理由を考えるのは意味のないこと。自信が持てない原因を突きとめるよりも、自信が持てる生き方を考えるほうが大切です。

そもそも、自信を持つことにルールはありません。「こういう人だったら自信を持っていい」という決まりはないのです。

それなのに、「私は○○だから、やっぱり自信なんて持てるはずないよね……」という思考になってしまうのは、自分で自分を苦しめているのと同じこと。


自信を持つにはどうすればいいのでしょう?

それはシンプルに「自分の気持ちを一番大切にする」だけです。

私が主催している継続講座の生徒さんたちは、それぞれに恋愛のお悩みを抱えていて、どうしても自信が持てないという方もいます。それでも、講座が終わる頃には全員が自信を持つことができるようになるのです。

それは、みなさんが自分の気持ちを一番大切にして、行動を起こしているから。

講座では自分の感情を客観的に把握し、自分を満たす行動に移すためのレッスンをしています。

「彼が好き」という想いが一番大事だとわかった方は、迷わず彼をデートに誘います。

「自分を好きと言ってくれる人に出会いたい」という方は、積極的に出会いの場へ出掛けます。

婚約したけれど「今は仕事を辞めたくない」が最も大事な気持ちだと気づき、別れを選んだ方もいます。

一番大切にしたいことを行動に移すと、何が起こると思いますか？

「私は自分がやりたい、と思ったことを叶えてあげられるんだ」と思えるようになります。それが自分への信頼になる。つまりは、自信になるのです。

たとえ結果的に恋心が報われなかったり、彼と別れることになったりしても〝自分で選んで実行した〟という事実が自信につながります。自分の決断を、自分の人生を、他人任せにしなかったという成功体験になるのです。

そのために必要なのは、自分にとって何が一番大事かをハッキリさせること。

それがわかれば、あとは実行するだけです。

◇「私を大切にする」と自分に許可を出して

反対に、自分の気持ちを押し込めて、他人からの評価や周囲の人間関係などを重視しているとどうなるでしょう？

きっと、どんどん自信がなくなっていくと思います。

「私は自分の願いを叶えてあげられないんだ」「あきらめてばかりの人生なんだ」と、自分を信頼できなくなっていくからです。

それに、自信がない状態が続くと悩みが尽きることがありません。私は数多くの恋愛相談を受けながら、あらゆる悩みは「自信がない」ことが根底にあるのだと確信しました。たとえ彼氏ができたとしても、自ら自信を育てていかなければ、ずっと何かに悩み続けることになるのです。

そうならないために、「私を一番大切にする」と自分に許可を出すこと。

自分の願いを最優先できるあなたでいてください。

「自分ばっかり優先でいいの？」と思わなくて大丈夫。だって、あなたを一番大切にしてあげられるのは、あなただけなのだから。

選択肢に迷ったら、自分にとってどちらが嬉しいか（幸せか）を基準にして、行動を決めればいい。そうすれば、自信がなくなることは決してありません。


そんな生き方が当たり前になると、「恋愛は自分を大切にするための手段の一つ」という意識になるはずです。

すると、恋愛においてどんな行動をとるか迷う時間は激減するでしょう。

自分の気持ちをないがしろにするようなことは、選択肢にあがってこなくなるからです。行動の選択肢がシンプルかつ明快になるのです。

そして、行動を起こした結果、たとえハッピーエンドにならなくても、「自分を大切にした結果だからこれでいいんだ」と前向きに考えられるようになります。
それは、出来事に対する感じ方が変わった証拠。自分を大事にすると決めるだけで、同じ状況であっても出てくる感情が変わります。失敗したり、想定外のことが起こったりしても、その出来事を肯定できるようになるのです。
自分を大切にする→そのための行動を起こす→自信をつける
というポジティブ・スパイラル！　これに乗れると、何が起きても前に進み続けることができます。もう立ち止まって途方に暮れることなんてなくなるのです。

それでも時々、「自信のない自分」が顔を出して心がモヤモヤしてくるかもしれませんね。そんなときは自分に向き合って「何が一番大切か」を思い出す。それさえできれば、いつだって原点に戻れます。
さあ、私のもとに届いた恋愛のお悩みに答えながら、自分と向き合うためのコツをお伝えしていきましょう。

「好きになったらすぐ伝える」が恋を叶える秘訣

お悩み1　どうすれば楽しい片思いができるの？　K・M・20歳　フリーター

高校時代からずっと片思いをしている人がいます。今までアプローチできなかったのですが、半年ほど前に思い切ってメールをして、やりとりがはじまりました。2カ月前には私から誘って一緒に食事をすることができました！

その後も時々彼にメールを送っています。本当は毎日送りたいですが、返事を待つ時間がつらくて、頻度を下げてしまっています。

「返事が来ないのではないか」「あんなこと伝えなければよかったかも」と、どうしても不安になってしまうのです。どうしたら片思いの時間を楽しみながら、彼に好きになってもらえるのでしょうか？

まずは、勇気を出して一歩前進できた自分に拍手!! その勇気と行動を、たくさん褒めてあげてください。そして今は、モヤモヤした片思いが続いている状態なのですね。では、「片思いを楽しみたい」のか「彼に好きになってもらいたい」のか、どちらを選びたいかを自分自身に確認してみましょう。

その答えが「片思いを楽しみたい」のなら、彼のことを考える時間を喜びに変えるのです。

彼に可愛いと思ってもらえるように自分磨きをしたり、彼と話すときの話題を考えたり、彼と行きたいお店を探してみたり、楽しみ方はいくらでもありますね。

「彼に好きになってもらいたい」のなら、あなたの気持ちをきちんと伝えることは欠かせません。「もう少し様子を見よう」という打算も、「ここまで言うと重いかな」という遠慮も不要。

そもそも気持ちを伝えることに躊躇するのは「彼に嫌われたくない」からですよね? でも、「嫌われないこと」を目的にすると「好かれること」はありません。

あなたは彼にとって「可でも不可でもない人」になるだけです。

また、よく「彼との距離はじっくり時間をかけて縮めたほうがいい」と考える方がいますが、時間をかけることで可能性が高まることはありません。

想いを伝えるタイミングを遅らせたら、悩む時間が増えるだけなのです。

私は、少しでも「好きかも」と思ったらその瞬間から気持ちを伝えてきました。

告白という形でだけでなく、彼の素敵なところを褒めてみたり、たくさん質問をして興味のある素振りを見せたり、わかりやすく彼を特別扱いしたり……。

片思いなら、なおさらです。

気になる人ができたら、悩むことではなく、彼に思いっきり気持ちをぶつけることに時間を使う。その結果、彼が振り向いてくれなかったら、すっぱりあきらめる。

そうすると自然に「これだけやってダメならしょうがない」と思えるのです。

当然ですが、気持ちを伝えきらなければ結末を見ることはできません。その結末をすぐに知るのが怖くて、小出しで気持ち伝えようとしていませんか？　そうやって相手の反応を見て遠慮がちなアプローチになっているから、彼にメールを送るたびに返事を待ちながら不安になるのです。

好きな人に振り向いてほしいなら、まずは気持ちを伝えきること！　何度だっていいのです。「全部言葉にした！」と言えるくらい伝えてください。そうするともちろん成功する確率も高まるし、どんな結果になっても納得できるはずです。

片思いが長引くのは「可能性が残っている」と感じるから。全力で伝えてそれでも無理なら、「これ以上できることはない！」と思うはず。そう思えて初めてその恋はきちんと消化され、次の恋へと進めるのです。

想いを伝えているのに曖昧な返事をされたり、はぐらかされたりして、あきらめきれないときは、とっておきの方法があります。

あなたにとって、恋人はどんな存在であって欲しいですか？

この問いの答えを考えてみてください。きっと「安心させてくれる」「私に寂しい思いをさせない」「味方でいてくれる」など、いろいろな答えがあるでしょう。

私自身はこう思います。

「彼は、大切な自分を一緒に大切にしてくれる存在であって欲しい」

だから、自分の気持ちを伝えるとともに、相手がそういう存在であるかどうかを見定めるのです。きちんと返事をくれない人が、あなたを大切にしてくれる彼になるでしょうか？　本当に、常に安心させてくれるでしょうか？　その可能性が低いのなら、そんなに頑張ってアプローチし続ける必要はないかもしれません。

これだけ大勢の男性がいる中で、選べるパートナーはたった一人。だからこそ、自分にとって一番大切なものをきちんと認識して、それを一緒に大切にしてくれる人を選ぶのです。これが「自分を大切にする恋愛」です。

Yu's Word

彼はあなたの「一番大切なもの」を大切にしてくれる存在ですか？

「自信のある私」は自分でつくることができる

お悩み2 「こんな私なんて」から卒業したい！ T・K・30歳 無職

私は昔から「容姿がきれいでないと意味がない」という過度な美意識があります。今は少し落ち着きましたが、男性と出会う機会があっても、外見についてどう思われるかが気になります。相手に「顔が可愛くない」「太っている」などと思われているのではないかという恐怖心が出てきて、男性とうまく話せないのです。

また、親に頼ってかなり自由奔放に生きているので、内面的にも自分に自信がありません。親のサポートを受けながら自由に暮らしていることを人に言えず、「こんな私なんてダメだ……」と思ってしまいます。

自信のない自分から卒業するにはどうすればいいでしょうか？

質問者さんは自信が持てないのではなく、理由を挙げながら自分で「自信を持たない」と決めてしまっています。「容姿がきれいではないこと」「親に頼って生きていること」は、自信をなくしたり、恋愛を遠ざけたりする理由にはなりません。まずは、あなたの中にある思い込みを一つずつ外していきましょう。

外見について。もしあなたが不特定多数の男性に好かれたい＝モテたいと思っているのなら、容姿に気を使う必要があるかもしれません。

けれど、たった一人の男性に好きになってもらいたいのであれば、不特定多数の人からモテる必要はありませんよね。そのままのあなたを「可愛い」と言ってくれる男性をたった一人、選べばいいだけです。

もちろん、ただじっと待っていてはそんな男性に出会える可能性は低いでしょう。だから私は、自信がないけれど彼氏が欲しいという女性には「どんどん出会いに行きましょう！」と伝えています。

多くの男性に出会えば、自分を選んでくれる人に当たる可能性が高まります。普段しないメイクを覚えたり、時間をかけてダイエットをしたりするよりも、単純により多くの出会いの場へ行ったほうが断然早いと思うのです。

出会いを増やしていろいろな男性とコミュニケーションを取りはじめると、容姿などについて心ない言葉を投げかけてくる人もいるかもしれません。ただ、そんなふうに嫌な思いをしたとしても、最終的に「誰よりもきみが可愛い」と言ってくれる人にさえ出会えれば、過去の嫌な思い出や失恋の痛みは報われるのです。

幸せな恋愛を掴むためには、いらない言葉を受け流す強さと、行動を起こし続ける勇気が必要です。

次に、内面的な自信のなさについて。これは自分のセルフイメージが低いということですね。でも、セルフイメージは自分でつくれるのです。

質問者さんは「親に頼っているから自信がない」とのことですが、これをプラスの発想に転換してみてください。頼り過ぎていると反省するのではなく、感謝の気持ちを持てばいいのです。「自分を無条件で助けてくれる家族がいる」って、とても幸せなこと。自分について話すときには、「両親に支えてもらって本当に感謝しているんです！」と言うようにしてみてください。それを聞いた人は、そんなあなたを魅力的だと感じるはずです。

そして、ポジティブ思考でいるために、とても大事なことがあります。それは、決して「自信がない」ということを他人に見せないこと。それは、「私は自信がありません」というラベルを自分で自分に貼り付けるようなものだから。

その結果、自分に積極的な行動をとることを禁止してしまうのです。これではどんどんネガティブ思考になってしまいます。

まずは、〝自信があるフリ〟をしてください。最初は演技でいいのです。

それによって違和感を覚えたり、まわりの人から「何だか変わった」と指摘されたりしても、気にしなくて大丈夫。そんなことは一時的なものだから。それよりも「自信がある自分」のイメージをつくることのほうがずっとずっと大切です。

自信があるように振る舞い続けると、やがてそれに慣れてきます。まわりの人はあなたを見て「あの人は自信があるんだ」と感じます。

そのうちに、「いつも明るいね」「本当に元気だね」「落ち込むことなさそうだよね」などと周囲の評価があなたの耳に入ってくるでしょう。そうすると今度は「私は自分に自信があるんだ」というセルフイメージがあなたの中で確立してくるのです。演技からはじまった自信が、本当の自信になるというわけです。

世の中には、自信がある人と、自信がない人がいるのではありません。自信がないことを見せる人と見せない人がいるのです。

あなたの振る舞いによって、まわりの人はあなたの性格を判断します。そして、周囲からの扱われ方で自分の内面が確実に育っていくのです。

Yu's Word

自信は「あるフリ」でいい。それがいつか本物になる。

勝負を先延ばしにする言い訳をつくらない

お悩み3　年齢差が気になり、うまくアプローチできない　N・E・37歳　事務

半年ほど前からジムでパーソナルトレーニングを受けており、そのトレーナーさん（28歳）を好きになってしまいました。彼は真面目な人で、年齢より落ち着いて見えます。好みのタイプだったこともあり、自然と惹かれていきました。

私から気持ちを伝えたり、食事に誘ったりしているのですが、彼はトレーナーという立場上、節度を保とうという意識があるようで、なかなか進展しません。私もつい「やっぱりお客さんとはご法度ですよね」と言ってしまったり……。

それでも私はあきらめたくありません。

10歳近く歳の差がある相手にどうアプローチしたらいいでしょうか？

まずお伝えしたいのは、年齢差があろうと、お互いがどんな立場にあろうと、片思いの相手へのアプローチ方法は、一つしかないということです。

それは、何度もわかりやすく相手に好意を示し、自分からデートに誘うこと。

ただし、アプローチするときに「こんな私ですけど……」という気持ちがあると、それは必ず相手に伝わります。「10歳も離れていたら恋愛対象にならないかも」と思いながら控え目にアプローチしていると、相手も誘いに乗りにくくなるでしょう。


私もかつて、歳の差がある男性と付き合ったことがあります。そのときは彼との年齢差はそれほど気になりませんでした。今思えば、彼は自分の年齢を気にする素振りをまったく見せずに、ごく自然にアプローチしてくれました。だから彼と付き合うかどうかを考えるときに、年齢がネックになることはなかったのです。

年齢は単なる数字です。

恋愛をする上で「数字の差」なんてたいした問題ではありません。

もっとシンプルに考えましょう。大事なのはあなたの気持ちをストレートに伝えること。それができないのはさまざまな言い訳が頭の中にあるからです。言い訳とは「直球勝負をしない理由」のことです。

今回のご相談では「歳の差が気になる」のほかに「彼はお客さんとは距離を置きたいはず」「今の関係性がぎこちなくなると困る」という言い訳がありますね。だから彼を誘いつつも「やっぱりお客さんとはご法度ですよね」という言葉が出てくるのだと思います。

でも、逃げ道をつくってばかりいては、いつまでたってもあなたの真剣な気持ちが彼に伝わることはありません。気持ちが伝わらなければ、彼も真剣に答えてくれることはないでしょう。

それに、たとえ何度アプローチされても、逃げ道を用意している相手に対しては心が動くことはないのです。

たとえば私が誰かから「僕と付き合わない？」と言われて、「えっ？」と返したとします。そこで「ははは、冗談だよ～」なんて言う人には魅力を感じません。だって、その告白に何の覚悟も感じないから。正面から勝負していると思えないからです。人の心を動かすのは〝覚悟という熱量〟なのです。

そんな覚悟を持つために、まず懸念点の解消策を考えてみましょう。

・彼がトレーナーという自分の立場を気にしている
↓ジムの外でコミュニケーションをとる
・アプローチの結果、関係がぎこちなくなるのが嫌↓
別のジムでトレーニングを受けることも視野に入れる

このようにいくらでも解決する手段はあるはずです。懸念点があるからといって逃げ腰になるのではなく、一つひとつ考えて整理していきましょう。そうすると、彼に想いを伝えることに集中できるようになります。

何度もストレートに気持ちを伝えて、もし彼が「お客さんとは付き合えない」と言うのなら「ジムの会員をやめたら、一人の女性として見てくれますか」と聞けばいいのです。他にも乗り越えるべきことが出てくるかもしれませんが、一つひとつ解決案を出すことで彼と恋人同士になる確率が高まっていきます。

もし「そこまではできない……」と感じるのなら、まだ熱量が足りないのだと思います。でも、省エネモードでは片思いは実りません。彼を振り向かせるために不可欠なのは、「カッコ悪くても傷ついてもいいから彼に気持ちを伝えたい！」という覚悟なのです。

気になる彼に彼女ができてしまわないうちに、直球勝負をしてみませんか？

Yu's Word

人は、覚悟という熱量に惚れる。

いつもの自分を貫けば「疲れない恋」がはじまる

お悩み4　出会いの場で男性と何を話したらいいの？　N・T・32歳　販売員

最近2年以上お付き合いした彼と別れました。新しい出会いを求めて積極的に婚活パーティーなどに行っているのですが、いつも女の子と仲良くなってしまいます。初対面の男性と何を話していいかわからず、何人もの男性と話すととても疲れます。だから話しやすい女性とばかりしゃべってしまうのだと思います。

ユウさんが本に書かれていたアンチタグ（選びたくない相手の3つのポイント。当てはまらない人は全員恋愛対象とする）やマイルール（「3回は質問をする」など男性と話すときの自分ルール）を設定して自分なりに頑張っています。

私はこれから何をすればいいのでしょうか？

いろいろなことを頑張っているのにうまくいかないときってありますよね。そんなとき、頭の中は散らかったお部屋状態。一番大事なものがどこにあるのかが見えなくなりがちです。

最初に、今回のお悩みで一番重要な問題について考えましょう。それは「男性と話すと疲れてしまう」ことです。

なぜ男性と話すと疲れてしまうのでしょう? それはきっと、「相手に合わせているから」です。いつもの自分を隠し、それぞれの相手に合わせて対応を変えようとしていませんか? ネコをかぶったり空気を読み過ぎたりしていると、疲れるのは当然。つまり「相手にどう思われるか」を気にし過ぎているのです。

婚活パーティーに来ている女性と話していて疲れないのは、いつも通りの自分のまま接しているから。だから仲良くなれるのです。

出会いの場に行ったら、普段の自分のまま男性と接してみてください。出会った男性全員に好かれる必要なんてありません。いつもの、そのままのあなたを受け入れてくれる男性を選べばいいのです。

ネコをかぶって相手を喜ばせることばかりしていると、疲れるだけではなく、「本当の自分を見せるタイミング」を失ってしまいます。その人と付き合うことができたとしても、自分を押し込めて我慢し続けることになるのです。そんな無理のある関係が長く続くはずがありませんよね？

大切なのは、誰と接するときにも疲れないこと。出会ったときから、ありのままのあなたでいればいいだけです。

ここまで読んだら「出会った男性と何を話すか」についても、もうおわかりですね？　自分らしくいればいいのだから、自分が話したい話題を選べばいいのです。

あなたは未来の恋人とどんな会話をしたいですか？　彼の仕事の話を聞きたいという人もいれば、お互いの家族の話をしたいという人もいるでしょう。自分の話をしっかり聞いて欲しいという人もいるはずです。

「まだ付き合ってないから……」なんて遠慮することなく、あなたが恋人としたい会話をすればいいのです。

相手が彼氏になってはじめて恋人らしい会話ができるのではありません。恋人同士のような会話をするから、あなたの彼氏になるのです。

たった一人のパートナーに出会うための最大のコツは、出会うすべての男性に対して「あなたらしさ」を見せること。そうすれば、疲れることなく、あなたにぴったりのパートナーが見つかります。

出会いが増えてくると、「いろいろ話をするけれど、好きになれる人がいない」というお悩みも出てくるかもしれませんね。実際に、生徒さんからもそういうご相談は多いです。

それは、出会いの場にいい人がまったくいないということでしょうか？　いいえ、相手の「いい所」が見えていないだけです。

そんなときは相手からより多くの情報を得ましょう。あなたがパートナーを選ぶときに重視する部分を、相手に質問するのです。

彼の仕事に対する姿勢が重要なら「どんな仕事をしているの？」だけでは情報不足過ぎます。「どうしてその仕事を選んだの？」「どんな所にやりがいを感じるの？」と、仕事に対する姿勢や意欲がわかるような質問をしてみましょう。

家族との向き合い方を重視するなら、家族構成を訪ねるだけではなく「ご両親ってどんな人なの？」「実家にはどれくらいの頻度で帰ってるの？」と質問するのもいいでしょう。

そうすれば相手の肩書きや条件だけでなく、頭の中や心の中まで深く知ることができます。深く理解してはじめて「いいな」と思う気持ちが芽生えてくるのです。

「惚れるポイント」を相手から引き出すために、質問力を磨きましょう。

Yu's Word

恋愛に、疲れは禁物。パートナー探しのルールは「自分らしくいること」！

END of STORY
カウンセリング後カフェにて
みんな勇気を出して行動を起こしてるんだな
自信がないってことにとらわれていたら前に進めないいんだ！
私もタカシくんをお誘いしよう！
えーっと何て送れば…
場所を変えて公園に行こう…
680円です
1時間経過
うう〜ん う〜ん うう〜ん
自信はあるフリでいいの！
覚悟が大事だよ！
よし!! メールする！
タッ
元気？
映画好きだって
言ってたよね。
今週末、よかったら
二人で観に行かない？
タッ
タッ

できた!!
何回も読み返した
変じゃないよねっ
いざっ…
ドキドキ
えいっ
送信
送った…
プシュ〜
そして——
ピコーーン
ん?
ペタペタ
タカシくん?
ダダダダッ
がばっ
タカシくん
お疲れ!
いいね!
ちょうど観たいのが
あったんだ
タカシ
わっ
わっ
ヤッター!
私から
誘ったって
よかったんだ!
うれしい!!
そうだ!
何着ていこう?
デートって
どんな服
着るんだろ?
ユミさんに
聞いてみよう
ユミさん
オシャレだし
タッタッタッ
週末が楽しみ!
恋愛って
こんなに
楽しいんだ!
ワクワク

幸せな恋愛への
第一歩は、
「あとちょっとの
勇気」です！

Chapter 2

どうしても心配だし、不安です

重い女・面倒な彼女にはなりたくないのに

ユミ〈29歳／IT企業・派遣社員〉
彼氏はいるけれど、最近は連絡の頻度が落ちたりデートの誘いを断われたりして、不安なことばかり。嫌われたくないから言いたいことを言えず、察してほしいと思っている。何かとネガティブ思考になってしまい、最初は告白されるがいつもフラれてしまう。

Story 2. Yumi
嫌われたくなくて言えない私…
ユミの部屋
ナオキ〜 いつになったらメールくれるの？
また連絡待ち3日目…
付き合う前はあんなに熱心にアプローチしてくれたのに…
じゃあLINEおしえて 今度海に行ってみない？
うんっ いいよ
ピロン
ナオキ
ごめん！
今週末も
ちょっと忙しくて
会えそうにないよ
え〜？今週末も？
ガク
そして週末
木
金
土
あーあ ヒマだなあー みんな何してるかな…
ん？
がばっ
何よこれ…
ナオキ
NAOKI
nice! 12
@NAOKI仲間と飲み会！
ナオキ飲み会してんの?!

何それ！信じられない！
ばんっ
あれ？この女の人…
………
じー…
見おぼえあると思ったら
やっぱり！元カノだぁ
私がSNS見てるってわかってるんだからこんな写真のせないでよ！
キーーッ
言わなくてもわかってよ〜！
ばふんっ
はぁ…でも元カノと会わないでなんて言えない…
嫌われたくないし…
嫉妬深いのが嫌で元カノと別れたって言ってたしな…
ゴロン
でも気になる〜！
うーーん
もしかしてしょっちゅう元カノに会ってる？
がーーン
復縁？
ががーーン
仕事で忙しいと言いつつ合コンに行ってたりして？

気分転換に
ショッピングにでも行こう…
ポーイ
cafe
あっ これ かわいい
あーぁ…
一人で
お買い物しても
つまんないなぁ…
ありがとうございました―
自分用ピアス
今までも
誰かと付き合う
たびにこうやって
不安になって
そのうち不安が
爆発して喧嘩別れする
パターンだったなぁ
私のこと本当に好きなの？
もうカンベンしてよ…
ただ好きな人と
ラブラブな
関係でいたい
だけなのに！
ピコーン
メール!!
えっ ナオキ!?
なんだ
マリちゃん
か…
スン…

マリ
片思いの彼に デートを申し込んで OKもらえました！
マリ
着ていく服に迷ってて これ どう思いますか？
えっ！ すごい！
萩中ユウさんの個人カウンセリングに行って新しい考え方を学んだんです！
なんか幸せそう…
萩中ユウさんって ヒロコさんが 言ってた 本の人よね
オススメらしいのよ～
ブログを見てみよ
個人 カウンセリング してるのか…
あっ
ちょうど 明日 カウンセリングの 空きがある！
よし 私も相談して みよう！
いつも不安に なってしまう恋愛とは もういいかげん おさらばしたい！
オーーッ

◇恋が終わるのは「不幸の先取り」をしているから

ユミさんは「いつも不安になる」というネガティブ・スパイラルに入り込んでしまっているようですね。

大好きな彼と付き合っているのに、元カノの存在や、彼の過去の恋愛、現在の人間関係など、彼に関するあらゆることが不安の種になっている……。そんな女性は講座の生徒さんにもたくさんいます。

でも、不安になるのって〝不幸の先取り〟です。目の前にある幸せを疑って、まだ存在しない不幸にフォーカスし、不安になる……。

それって自ら幸せを遠ざけてしまっているのと同じことだと思うのです。

それに、不安な気持ちはさまざまな問題を引き起こします。

恋愛で不安になる女性は、その気持ちを彼に伝えません。なぜなら「嫌われる」のが怖いから。それでも彼女が抱えている不安な気持ちは表情に出てしまいます。不機嫌な表情になったりして、無言の圧力をかけるのです。

でも、彼がそれを見て「不安なんだな」と察してくれることはありません。だって言葉にしていないのだから。無言で暗い顔をしているあなたを見て、彼は不可解に思うだけ。そんなことが続くと彼はどんどん自信をなくします。「自分には彼女を笑顔にする器量がない」と感じてしまうのです。

さらに、不安な女性は往々にして「私のこと、どう思ってるの？」「本当に好きなの？」という質問をしがち。彼とのコミュニケーションの目的が「自分の不安を解消すること」になってしまっているのです。彼はそんなことには気づかないので、ただ責められていると感じるでしょう。

こうなると、当然ながら二人の関係はうまくいきません。お互いの気持ちがすれ違い、別れに至ってしまうわけです。

◈悲しい未来のための「心の準備」なんていらない

次に「不安になる」という思考癖を、もっと客観的に見てみましょう。

ネガティブ思考になってしまうという方たちの話を聞いていると、不安になることで自分を守ろうとしているように見えます。

本人たちは自覚がないと思いますが、起こり得るネガティブな出来事を予想して「心の準備」をしようとしているように見えるのです。

あなたの心の中に、こんな思考回路が生まれていないでしょうか？

「浮気されたらどうしよう」「元カノと復縁したらどうしよう」などと先回りして心配していれば、実際に起こってもあまり傷つかないでいられる。何かあったら「ほらやっぱりね」と思えるからショックも軽減されます。だからいつも不安要素を探して、ネガティブでいることを選ぶ……。

これは、自己防衛のために不幸な未来を予測しているということです。

でも、未来の出来事に対して、本当の意味で準備することなんてできません。実際、彼との間には思ってもみないことが起きたりしますよね。だから「リスクヘッジ」としてネガティブ思考でいることはあまり意味がないのです。

不幸な出来事に対する心の準備については〝あきらめる〟ことが必要です。そもそも、準備なんて不可能なのだから。

あきらめるというのは、「起こることは受けとめる」という覚悟を持つこと。これは絶望ではなく、前向きな考え方です。

そして、先回りする妄想力ではなく、何かが起こった時の〝対応力〟を身に付けましょう。心の準備なんてしなくたって、起こった出来事を受けとめ、それに対応することはできるのです。

これまであなたは、予想外の出来事に頭を悩ませたことがあると思います。落ち込んだり悲しんだりしたこともあるでしょう。

でもそれって、ずっと続きましたか？　いつかは解決できたり、時間が経って忘れられたりしていませんか？　それは、たとえ時間がかかったとしても自分の力で「対応」してきたということです。


感情を揺さぶる出来事に対応していく力を高めれば、悩む時間はぐんと減ります。そのぶん幸せを感じる時間が増えるのです。

それでは、お悩みに答えながら、対応力を磨く方法をお伝えしましょう。その方法がわかれば、「不安ばかりの恋愛」が「幸せに満たされる恋愛」になるはず。「不幸の先取り」ではなく、「幸せの先取り」ができるようになりましょう！

もっと仲良くなるために、不安を彼に伝える

お悩み5　女友だちと遊ぶ彼にモヤモヤしてしまう　F・M・21歳　フリーター

付き合って1年くらいの彼氏がいます。彼は職場の仲間と、とても仲がよく、頻繁に飲み会などをしています。

でも私は、彼が同僚の女の子たちと飲みに行ったりするのがすごく嫌なのです。そういうイベントに参加すると聞くたびにいつもモヤモヤしてしまいます。

彼が地元の女友だちと遊ぶときは気にならないのに、職場の女の子に対してどうしてこんなに不安になってしまうのか、自分でもよくわかりません。

「彼女たちと遊びに行かないで」と言って、彼の交友関係をせまくするのはよくないということもわかっています。どんなふうに考えたらいいでしょうか？

心のモヤモヤを少しでも早く解決するためには、先ほどお伝えした〝対応力〟を高めることが必須。

まず必要なのは、「不安や心配事があれば、彼に伝える」ということです。職場の女の子と遊びに行く彼にモヤモヤするなら、その気持ちをただシンプルに伝えればいいのです。

「○○くんが職場の女の子たちと遊びに行くと、モヤモヤしちゃうの。行かないでって言ったらヤダ？」と聞いてみましょう。

「彼の交友関係をせまくするのはよくない」とのことですが、同僚との付き合いを彼がどこまで重視しているかは、聞いてみないとわかりませんよね。

聞く前から「よくないこと」と決めつけないで、素直に聞いてみればいいのです。

「そんなの聞けない！」という方は、「自分の気持ちを伝えることで、彼との関係が悪くなるんじゃないか」と感じているのではないでしょうか？

確かに、我慢を重ねたあげくに感情を爆発させて、彼を責め立ててしまったら、さすがに喧嘩になるでしょう。

でも、責めずに言葉を選んで伝えれば、彼は聞いてくれるはず。

そもそも、責める必要なんてありませんよね。だって、彼が職場の女の子と頻繁に遊びにいくのは、あなたに意地悪をしようとしているわけではないのだから。

彼はただ、今のあなたの気持ちを知らないだけ。言い方さえ間違えずに、なるべく早いタイミングで彼に気持ちを伝えれば、喧嘩になんてならないのです。

不安というモヤモヤのせいで彼との関係がぎこちなくなる前に、自分の気持ちを気軽に伝えてみてください。「もっと仲良くなる」ために自分の気持ちを知ってもらうのです。伝えるときは、次のポイントを意識しましょう。

・「嫌われないかな」と思いながらではなく「彼は聞いてくれる」と信じて言う

・一回ですべての気持ちが伝わるとは思わない。何回でも言う

・気持ちを全部理解してもらおうとせず、「知ってもらう」をゴールにする

これらのポイントを意識しながら「モヤモヤするから遊びに行かないでって言ったらヤダ?」と伝えたとします。

もし彼が「大事な仲間だから行きたいし、頻度も下げたくない」と答えたら、彼の交友関係を大事にしつつ、二人の関係も守れる方法を考えましょう。

ここで必要になってくるのが、「悩み事を解決するために、彼としっかりコミュニケーションをとる」ということ。彼と一緒に解決策を考えるのです。

彼ができる範囲のことで、あなたが安心できる方法を見つけましょう。どうすれば安心できるかは人それぞれだけれど、選択肢は無数にあるはず。

たとえば、彼が同僚と遊んだ日はどんなに夜遅くなっても必ず電話やメールをしてもらうようにするのも一つの方法です。

また、職場の人たちに自分のことを紹介してもらって、同僚の女の子たちと知り

合いになれば、安心感が生まれるかもしれません。

一人で悩むよりも二人で考えたほうが、解決法は見つけやすくなります。「どうすればいいか」は常に二人で話し合うようにしましょう。

そんな「何でも話し合える関係」になるためには、まずはあなたが彼に何でも言えるようになること。いろいろな言葉で彼に気持ちを伝えてみて、「どんなふうに言えば彼に伝わるか」をつかみましょう。

気持ちを伝え続ければ、それは必ず報われます。二人の関係は確実に変わっていくのです。

Yu's Word

「終わらない恋」は気持ちを素直に伝えることからはじまる。

些細な不満を見逃さなければ、強い絆ができる

お悩み6　**彼氏がいるのにほかの男性が気になる**　H・T・26歳　営業

今の彼氏とは4年間付き合っており、思いやりのある人で、一緒にいて落ち着きます。喧嘩もまったくしません。

彼との関係はとても順調なのですが、最近、ほかに気になる人ができてしまいました。学生のときの元カレで、本当に好きだった人です。些細なきっかけで再会し、一緒に食事をして、再び惹かれてしまいました。

今の彼には特に不満がないので、ただ刺激を求めているだけな気もします。過去を美化しているのかもしれません。元カレとの復縁を目指しても、うまくいくかもわからないし……。でも、どうしても気になってしまって悶々としています。

このお悩みを読んで感じたのは「今の彼氏としっかりコミュニケーションがとれているのかな?」ということです。

今付き合っている彼とは順調で不満はないとのことだけれど、相手のことを深く知っていけば、ちょっとした不満は出てくるものです。

だって、二人は違う個性を持つ別々の人間だから。まったく同じ価値観を持っていることはあり得ないし、似たもの同士だからこそ気になる部分も出てきたりしますよね。

たとえ些細な不満であっても、自分の気持ちをきちんと伝えて話し合っていれば、たまに小さな喧嘩をすることはあります。でも、そのぶん強い絆ができるはず。

反対に、ちょっとした不満だからといって見過ごしていると、相手との絆が深まることはないのです。

今の彼とは順調と言いつつも、そういう絆ができていないから、元カレと再会したときに心が動いてしまったのではないでしょうか?

不満を見過ごすということは、「彼と本気で向き合っていない」ということ。

言ってしまえば「無難な関係」になっているということです。

そんな恋をしていると、簡単に別の男性に心が動いてしまいます。


質問者さんが今の彼氏と別れて元カレと復縁したとしても、同じように「向き合わない関係」になってしまったら、結局その恋も終わることになるでしょう。

なぜなら、魅力的な男性は必ずいるから。そんな男性に出会ったら、再び心が動いてしまうと思うのです。

それに、前の彼氏（つまり今付き合っている彼）が自分にしてくれたことを思い出して、「あの彼のほうがよかったかな……」と未練を感じるようになるかもしれません。これではいつまでたっても「終わらない恋」ができないですよね。

ネガティブ思考も問題ですが、不安や不満を見過ごすことも、恋が終わってしまう大きな原因なのです。

「終わらない恋」がしたいなら、たった一人の男性に満足するスキルを身に付けること。

彼と本気で向き合って、違和感を一つひとつ解決していって、「特に不満はない」ではなく、「満足しかない」という関係をつくるのです。

最初にすべきなのは、相手のことを深く知ること。そうすれば彼のいい所も悪い所も見えてきます。満足できないことが少しでもあれば、彼にそれを伝えて、解決策についてじっくり話をしましょう。

我慢も遠慮もせず、自分の気持ちを素直に伝えていれば、相手が同じことをしてきても受け入れられるはず。気持ちを伝えると同時に、相手の気持ちを聞くこともできるようになるでしょう。

相手に「変わってくれること」を期待して、きちんと労力をかけるということは、彼との関係に全力でコミットしているということ。それができると「自分の意志で彼を選び続けている」という自覚が生まれます。

私は、どんな小さなことでも違和感があれば夫のリョータさんに伝えているし、「今日も自分の意志で彼を選んでいる」という意識を常に持っています。

毎日「今日もリョータさんの家族でいたいかな？」と自分に問いかけて、自分が納得して選んでいることを確認しているのです。それは私にとって、「彼を選び続ける」＝「満足しかない状態」ということなのです。

彼との関係に満足しかないのだから、素敵な男性に出会ったとしても、彼を悲しませてまでその人とデートしたいなんて思いません。

むしろ、その素敵な男性が持つ要素をリョータさんにインストールするようにしています。「こんなことができるようになって欲しい」「困っている私にこんな言葉をかけて欲しい」と具体的にリクエストするのです。

伝わるまで伝えれば、彼は必ず要望に応えてくれます。

だから他の男性を選ぶ必要なんてないのです。

あなたの隣にいるパートナーはまだ「完成形」ではありません。要望があればきちんと伝えて、「満足しかない！」と思えるパートナーになってもらえればいい。

ずっと彼を選び続ける自分でいるために、心から満足できる絶対的な絆をつくりましょう。それができれば、あなたは誰を選んでも幸せになれます。

Yu's Word

「特に不満がない関係」ではなく「満足しかない関係」をつくる。

そもそも「不安になる」を選ばなければいい

お悩み7　彼とうまくいっているのに不安になる　K・Y・31歳　サービス業

今、身のまわりのことがいいほうに変化していて、ここ1年で生活の環境も仕事も変わりました。夢が夢でなくなってきていて、彼氏ともうまくいっています。

ただ、これは昔からなのですが、好きな人とうまくいっているときに「こんなに順調でいいの？」「もしかして裏があるんじゃないかな？」と不安になってしまうことがあります。過去にそれほどうまくいったことがないから、ダメになったときの準備をしてしまうのです。

「これってうまくいってるよね？」ってまわりに聞いてしまったりして、そんな自分に悲しくもなります。不安にならないことはできるのでしょうか？

夢が夢でなくなってきているなんて、とっても素敵なことですね！

ただ、いろいろなことが順調で彼氏ともうまくいっているのに、不安になってしまうとのこと。質問者さんには、「不幸の先取り」をする思考癖があるようです。「不安にならないことはできるのでしょうか？」とのご質問ですが、はっきりとお答えしましょう。できます！

不安になるかどうかは自分で決めることができるのです。これは、幸せに満たされる恋愛をするために一番大切な〝対応力〟の一つです。

「不安になってしまう（なりたくないのに……）」という感覚かもしれませんが、不安という感情を選んでいるのは、ほかでもないあなた自身。

自分でその感情を選んでいるので「なってしまう」わけではありません。不安になりたくなければ、ならなくたっていいのです。

感情を選ぶことについて、次のようなイメージで考えてみてください。

あなたの心の中に、さまざまな〝感情のボタン〟があります。ネガティブなものでいうと「不安」「悲しい」「腹が立つ」などのボタンが並んでいます。あなたのまわりで何か出来事が起こったとき、あなたはそれらのボタンを自分で選んで押すのです。

まわりで起こる出来事は、あなたに「不安」というボタンを押させようとすることまではできます。でも、心の中に手を入れて勝手にボタンを押すことは決してできません。そのボタンを押せるのはあなただけ。

つまり、何があっても、それをどう感じるかは自分で選べるということ。だって、誰もあなたに「そう感じさせる」ことはできないのだから。

だから、あなたが「不安になる」を選ばなければいいだけです。「ダメになったときの準備をするために、ここで不安になっておいたほうがいいかな」なんて先回りしなくて大丈夫。この章の冒頭でもお伝えしましたが、未来の不幸な出来事に対する心の準備は不要です。

好きな人とうまくいっているときに「こんなにうまくいくはずない」といって不安を選ぶなんて、本当にもったいないこと。それでは彼との付き合いを全然楽しめません。

彼と付き合う中で「一緒に楽しんだ時間」は、一生消えない思い出になります。それは、たとえ彼との関係が終わってしまったとしても残るもの。「不安になる」よりも「楽しむ」を選ぶほうが、確実に幸せを感じることができます。

最悪な未来は起こってから考えればいい。そこは早々に腹をくくって、「未来に起こることはそのときに対応しよう！」とあきらめるのが最善の方法です。

質問者さんのまわりで起こっている出来事はどれもポジティブなものなのだから、そこだけに目を向けて今の幸せを思いっきり楽しむようにしましょう。

そして、彼との付き合いの中で「メールの返信が遅くなってきた」「デートの回数が減った」などという変化が起こったとしても、不安にさいなまれる必要はありません。

「私のこと嫌いになったのかな……」と〝不安ボタンを押す〟のではなく、ただその不安を彼に伝えてコミュニケーションをとればいいだけです。そうすれば、必ず何らかの解決策が見つかるのだから。

私はよく講座でも「味わいたい感情は自分で選んで！」と熱を込めて伝えています。そして、どんなに「不安優先」の期間が長かった生徒さんでも、「不安になる」を選ばなくなった方がたくさんいます。

「何があっても不安は選ばない」と決めましょう。そうすれば、ネガティブ・スパイラルに陥って落ち込み続けることは、もうなくなるのです。

Yu's Word

自分の感情は、すべて自分で選べる。

何が起こっても、絆を深めるきっかけにする

お悩み8　彼の浮気とどう向き合えばいい？　K・M・25歳　看護師

2年半付き合った彼と結婚したのですが、式の一カ月後に彼の浮気が発覚しました……。婚約中に浮気をしていたのです。

彼は「あれは遊びだった。離婚はしたくない」と言っていました。私はショックでしたが、結婚式を挙げたばかりだということもあり、離婚は選びませんでした。

その後、数カ月たった今も離婚をするつもりはなく、浮気をしたこと以外は夫に対して不満はありません。でも、彼からどんなに嬉しいことをしてもらっても浮気をされたことを思い出してしまい、嫌な気持ちになります。一方で彼を許せない自分に自己嫌悪も感じています。彼とどんなふうに向き合えばいいでしょうか？

旦那さんが浮気をしたのは、完全に想定外の出来事だったことでしょう。そんな出来事を知った瞬間は、感情的になってしまうと思います。

前項で「感情は選べる」と書きましたが、この場合「ショックを受けないことを選ぶ」は難しいかもしれません。でも、その後「自分がどうしたいか」は自分で選べるはず。

まずは自分の気持ちをできるだけ客観的に見てみてください。お悩みの内容を読む限り、「離婚をしたくない」という意志は明確ですね。

注目したいのは「彼を許せない」という言葉です。つまり「許すことはできない」ということですが、この言葉に「自分は許したいのに、許せるようなことじゃない」という気持ちが表れていませんか？　ここに自分の意志ではない何かに感情をコントロールされているという印象があります。

「許せない」はよく使われる言葉ですが、どこか自分以外の何か（誰か）に自分の意志をゆだねてしまっていると感じる表現です。「自分の力では許すことは不可能だ」と感じているのかもしれませんが、本当にそうでしょうか？

「自分がどうしたいか」については、どんな場合でも自ら選べます。なので、本来「許せない」ということはあり得ません。「許す」か「許さない」かの二択であるはずだから。

最初に、どちらを選択するかを決めましょう。「離婚はしないけれど、浮気は許さない」のか「離婚はしないし、浮気も許す」のか。とにかく「(自分の力では)許せない」という状態から抜け出しましょう。

どちらを選択してもかまいません。気の済むまで「許さない」状態でいてもいいのです。「許す」ことを選び、自分がその選択に納得するために彼にして欲しいことを提示するのもいいでしょう。

どちらを選ぶにしろ、一番大事なのはこれからの結婚生活を幸せなものにしていくこと。どんなに悩んでも過去は変えられないので、未来のことを考えましょう。「この一件があったから絆が深まった」と思うためにはどうすればいいかを考えるのです。

何度もお伝えしていますが、一人で考える必要はありません。彼に今の素直な気持ちを伝えて、しっかりコミュニケーションを取りながら一緒に考えればいい。彼の浮気という出来事を受けて、あなたが最終的に選んだことがお互いにとって「正解」となるように、二人で試行錯誤するしか方法はないのです。

私が確信をもって言えるのは、そうやって向き合っていれば、必ず深い絆ができていくということ。それが「別れない二人」になるための最も確実な方法です。

68ページのお悩み⑥では女性目線でお伝えしましたが、男性にとっても妻（彼女）以外に素敵な人はいくらでもいます。彼の前に可愛い女性は現れ続けるし、彼に好意を示す女性も出てくるでしょう。

そして婚姻届は「どんなに素敵な人がいても絶対に目移りしません」と誓う契約書ではありません。夫婦という肩書さえあれば、絶対に浮気をしないというわけではないのです。

魅力的な女性と出会っても「妻を悲しませるくらいなら浮気はしない」と思う旦那さんになってもらうためには、信頼関係を築くしかありません。簡単に他人が入ってこられないような関係をつくることができれば、彼は二度と浮気をしないでしょう。

「許せないんだけど、どうしよう？」と悩んでいる場合ではありません。今は真剣に彼とコミュニケーションを取らなければならないときですよ！

Yu's Word

「別れない二人」になるためには、深い絆をつくること。

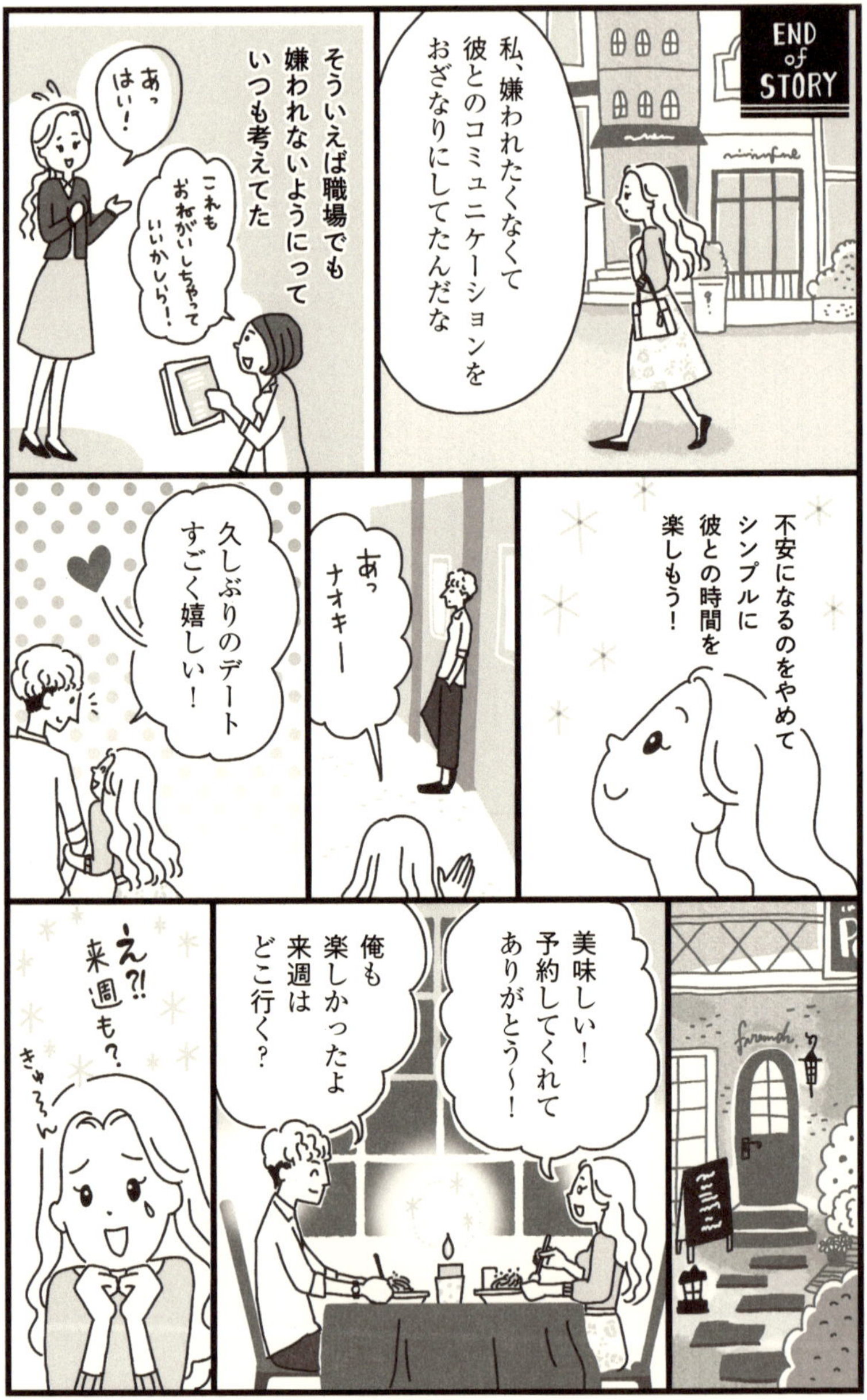
END of STORY
私、嫌われたくなくて彼とのコミュニケーションをおざなりにしてたんだな
そういえば職場でも嫌われないようにっていつも考えてた
これもおねがいしちゃっていいかしら!
あっはい!
不安になるのをやめてシンプルに彼との時間を楽しもう!
あっナオキー
久しぶりのデートすごく嬉しい!
美味しい!予約してくれてありがとう~!
俺も楽しかったよ来週はどこ行く?
え?! 来週も?
きゅるん

別の日
今度の土曜日は飲み会なんだ
もしやまた元カノも参加?
自分の気持ちを上手に伝えなきゃ!
ドキドキ
あのね 私はナオキが元カノに会うのがどうしても気になるの
信用してないってわけじゃなくて 私がモヤモヤしていることを知ってほしかったの …どうしたらいいかな?
え、そうだったんだ? だから飲み会って言うと不機嫌になってたの?
そんなふうに見えてたんだ…
ヤキモチかー
アハハ〜
じゃあユミも飲み会に来れば?
えっ いいの? うれしい!! ありがとう〜!
こんなに感謝してくれる彼女って初めてかも
幸せ〜♪ ユウさんのおかげだ〜!

勝手な憶測で
彼を悪者にする恋愛は
今日で卒業！

Chapter
3

いつも相手とうまくいきません

伝えられない・甘えられない私をやめたい

シオリ〈35歳／商社・営業事務〉
真面目でしっかり者の長女。何でもそつなくこなすのだけれど、甘え下手で「私が我慢すればいいや」が口癖。自分の気持ちを伝えるのが苦手なので相手から誤解されることが多い。最近5年付き合った彼氏にフラれて、恋愛・結婚をあきらめかけている。

Story 3・shiori
結局、別れがきてしまうのはなぜ？
料理教室にて
ワイワイ
トントントントン
シオリさん！私たち萩中ユウさんのカウンセリング行ったんですけどすっごくよかったですよ！
今期間限定でやってて
え？うーん…
私はむしろ一人で生きていくためのマネーセミナーとかに興味があるかな…
えー…
ガーッ
1カ月前――
5年も付き合ってるしそろそろ結婚したいんだけど…
うーん。今は結婚は考えられないな
…そっか仕事楽しそうだもんね
……
待っててくれなんて言えないしもっといい人探してほしい
ガタ…
じゃあ
えっ?! あ……

35歳でフラれるなんて
ヒュル…
私　もう一生一人なんだろうなぁ…
RRR
トボ
トボ
あ、お母さん？
来るときにお醤油買ってきてくれる？
ハイハイ
今日実家に帰る日だった
そういえばマユちゃん結婚するんだって！
え！そうなの!?
マユ（妹28歳）が結婚？
先にこされた…
おっさき〜
自分からプロポーズしたって
あの子らしいわーふふふっ
へー自分から…
あんたも早く結婚しなさいよ〜
ぐりっ
あっ…
ずっ
結婚の話題カンベンして〜！でも母の気持ちもわかるし我慢するしかないか…
はぁ〜
ケンカしたくないし

会社にて——
おーーい
これお願い！
あっはい！
大丈夫？
これが仕事ですから！
おもっ
すみませ〜ん手伝ってもらえますか？
ああいいよ
OK!
シオリの後輩
甘えられる子って得よね…でも私はそういうキャラじゃないしな
……
どこにもってくの？
ミーティングルームです
ありがとうございまーす
先輩！すみません今日残業変わってもらえますか？
えっ
う、うんいいけど
残業代出るしがんばろっと！
カタカタカタカタカタ…

やっと帰宅できたわ
ガチャン
RRR
もしもし あっ メグミ？ 久しぶり〜 同窓会以来だね
実は結婚することになって！ 付き合って3カ月で結婚決めちゃった〜
えん!?
何年も彼氏がいなかったメグミ（同級生・35歳）が結婚!?
うふっ
?
くわしくはまたメールするね
私もあきらめてちゃダメだ！
ぐっ
でも どうしたらいいの？ 彼ができても結局いつも終わりがくるし
私 恋愛スキルが相当低いよね…
が不足しています
はっ
ユウさんのカウンセリングお勧めですよ！
こうなったらもう、プロのアドバイスをもらうしかない
私だって恋愛上手になって結婚したい！
よしっ

◇二人になれば必ず乗り越えるべきことが起こる

恋人同士が別れるときって、どんなときでしょうか?

意見が合わないとき? 喧嘩をしたとき? いいえ、それだけでは別れに至ることはないはず。二人が別れてしまうのは、「意見の聞き合い」や「お互いの気持ちのすり合わせ」を完全にやめたときです。

シオリさんが元カレに結婚の話をしたあと、別れることになったのは、「聞き合い」や「すり合わせ」ができていなかったからではないでしょうか?

そもそも付き合っていれば、話し合って乗り越えなければならないことがたくさん出てきます。

でもそれは「問題」が起こっているのではありません。一人ではなく二人でいることを選べば必ず起こること、ただの「出来事」です。

「こんなはずじゃなかった」「どうしてこんなことが起こるの？」なんて悲しまなくていいのです。そして、乗り越えるべき出来事が起こったら、感情的な喧嘩をせずに「現状を把握して、解決にもっていく話し合い」をすればいいだけ。

これは、決して難しいことではありません。あなたがどんな性格でも、相手がどんな人でも、ほぼ確実にできること。

今までそんな話し合いができていなかったのは、ただ「やったことがなかった」からです。当然ですが、本音を言わずにただ我慢していたら、二人の間で起こる出来事を乗り越えることはできません。自分の意志を伝えなければ、話し合いなんてできないですよね。

一人で我慢し続けていると、二人の関係はそれより先には進まず、「行き止まり状態」に。でも素直に想いを伝えて二人で話し合えば、必ず〝抜け道〟が見つかります。二人の関係を前進させる方法が見えてくるのです。

◈どんな人でも「感情の言語化」はできる！

彼と話し合いをするためには、自分の気持ちを言語化して伝えることが不可欠。「感情の言語化」は、講座でのメインレッスンの一つで、生徒さんたちには自分の考えや意思を言葉にするためのコツをお伝えしています。

ほとんどの生徒さんは、これまで感情を十分に言語化してこなかった方たちですが、短期間で驚くほど変化しています。具体的にどんなふうに変わっていくかをお伝えするために、特に印象的な変化をとげた生徒さんのエピソードをご紹介しますね。

その方は人に自分の気持ちを伝えるのが苦手で、自分の感情を表現しようとすると涙が出てしまうという方でした。講座でも気持ちを言葉にしようとするたびに涙をこぼしてしまっていました。

今付き合っている彼との結婚を望んでいた彼女は、思い切って彼に結婚の話を切り出したそうです。でも彼からは「結婚は当分する気がない」とのそっけない答え。ショックを受けた彼女はその場で泣いてしまい、彼から「泣くなよ、面倒くさい！」と言われてしまいました。

「もう、結婚の話なんて言い出せません……」と泣く彼女に私は言いました。

「泣いたっていいじゃないですか。最初に『泣いちゃうけど気にしないで』って前置きしてから、彼が結婚してもいいと思えるような〝プレゼン〟をしましょう。傷ついてもいいっていう覚悟を持って、本音でぶつかってみて！」

そして彼女はそれを実行したのです。

「私、泣いちゃうかもしれないけれど、伝えたい想いが多過ぎて感情的になっちゃうだけだから気にしないでね」と彼に言ってから、再び結婚の話をしました。

彼はやはり結婚には後ろ向きで、「自分一人の時間がなくなるのが嫌だから」という返事だったそうです。それでも彼女はあきらめません。泣きながらも自分を奮い立たせて、彼が抱く結婚の懸念点を解消するためのアイデアを伝えました。

さらに、二人で一緒に住むことのメリットもきちんと説明して「結婚を考えることはあなたにとってデメリットにはならないよ」と説明しました。すると彼は「確かに」と納得したのです。

その後、同棲をする所まで合意にもっていったのですが、彼女が本当に求めるのは結婚。自分の気持ちを言語化することに自信を持ちはじめた彼女は、再度彼にプレゼンをしました。

彼の立場を考えながら、冷静かつ素直に自分の想いを伝えて、彼の懸念点を払拭していったところ、なんと彼が「じゃあ、結婚しようか」と言ってくれたのだそう！

気持ちを伝えようとすると涙があふれてしまって、話すのをあきらめていた彼女が、ここまで完璧に自分の想いを言葉にできるようになったのです。

その結果、彼は彼女との結婚を選び、彼女は自分が満足する形で彼からの愛を受け取ることになったのでした。

そんな彼女を見て、私は「気持ちを伝えられない人なんていない」と確信しました。自分の感情を言葉にして伝えると決めれば、どんな人でもそれができる。それができれば、最速で現実が動きます。

そして気持ちを言語化するときに大事なのは、意識の持ち方。どんな意識で話すかによって相手への伝わり方が変わります。

では、彼氏との向き合い方に悩む方たちの声を聞きながら、〝伝え上手〟になるための秘訣についてお話ししましょう。

懸念点を取り除いてあげれば、彼は結婚を選ぶ

お悩み9　プロポーズされるにはどうしたらいいですか？　I・S・26歳　事務

婚活アプリで知り合った方と半年くらい付き合っています。私は今まで5人と交際してきましたが今の彼氏はこれまでで一番落ち着く相手だと感じます。

彼と結婚について話したことはないのですが、私はしたいと思っています。「結婚しよう」とプロポーズされるには、どうしたらいいでしょうか？　どうやって彼に話を振ればいいのでしょうか？

また、私は子どもが欲しいとは思っていないのですが、このことは彼に話していません。これは、かなり重要なことだと思います。

私の希望を彼に受け入れてもらった上で、結婚するにはどうしたらいいですか？

「彼と結婚するにはどうすればいいですか?」というご相談は、本当に多いです。悩む方に共通しているのは、「結婚」をとても深刻に捉えているということ。かなり慎重に進めるべきことだと感じているようです。だから「どうやって話を振ればいいのでしょうか?」という質問が出てくるのだと思います。

でも、深刻に考える必要なんてありません。「結婚したい」と彼に伝えるのは、「あなたとずっと一緒にいたい」という愛情表現ですよね。

基本的には「大好き」と伝えるのと同じこと。愛情表現の一つだと思って、自分の気持ちを伝えればいいだけです。

「彼にプロポーズをしてもらう」のが目的なのであれば、まずはあなたの結婚したいという意志を明確に伝える必要があります。

質問者さんの場合だと、まずは「こんなに落ち着いて一緒にいられる相手ははじめてで、将来を真剣に考えられる恋愛もはじめて」ということを素直に伝えてみるのはいかがでしょうか。「現時点で私は、あなたとの将来を考えているよ」ということを伝えるのは、結婚への第一歩です。

そうやって意思表示をしていれば、彼からプロポーズをしてくれる可能性が高まるでしょう。ただし、結婚について遠回しなことしか言わず、ひたすら待ち続けるというのはおすすめできません。


多くの男性にとって結婚は「いつかすればいいもの」です。それを「今決断するもの」にしてもらうには、女性からの明確なアプローチが必要。待っているだけでは、ただ時間が過ぎていくことになります。

プロポーズしてもらって、彼に自分の人生を動かしてもらうのではなく、「自分で自分の人生を動かす!」という意識を持ちましょう。その第一歩として、自分からはっきりと「結婚したい」という意志を伝えてみてください。

それでも「自分から結婚の話をするなんて無理!」という方もいます。理由を聞くと、「彼氏に重いって思われるのが怖くて……」とのこと。

もしあなたが思い詰めた様子で重苦しい雰囲気をつくって、結婚話を持ち出したなら、さすがに彼も重いと感じるかもしれません。

けれど「私は結婚を考えてるけど、○○くんはどう？」と軽いトーンで聞けば、彼も軽い話として受けとめてくれるはず。あなたが結婚を考えはじめた時点で、気軽に彼に気持ちを伝えればいいのです。

どうしても軽く話せないのだとしたら、あなたの中に「結婚は彼にとって重いもの」という思い込みがあるのではないでしょうか？

「結婚とは、彼が人生をかけて私を幸せにする覚悟ができたときにするもの」だと思っていませんか？　そうだとしたら、結婚話は「そろそろ覚悟できた？」という質問になります。これだと確かに重い話になってしまいますよね。

そうなると、彼には結婚のデメリットばかりが見えてきます。「仕事が忙しい」「まだ自由な時間が欲しい」などということを理由に、結婚を躊躇するのも無理はありません。

まずは「彼に幸せにしてもらおう」とは思わず、自分の希望として結婚の意志を伝えること。そして、相手が考える結婚のデメリットを一つひとつ解消していくこと。それができると、彼は結婚を選びやすくなります。

その上で結婚することのメリットを伝えれば、きっとスムーズにことが運ぶはず。これが彼と結婚するための一番確実な方法です。

「私のこと、いつ幸せにしてくれるの？」ではなく、「一緒に懸念点を解消して、幸せになろう！」というスタンスで話し合ってこそ、彼はあなたを生涯のパートナーに選びたくなるのです。

もう一つお伝えしておきたいのは、「すべての懸念事項をクリアにしてから結婚しよう」と思わなくてもいい、ということ。

質問者さんは、自分が子どもを望んでいないことを「重要問題」と考えていますが、彼にとっても重要かどうかは聞いてみなければわかりませんよね。そして、それは結婚してから話せばいいことではないでしょうか？

子どもを望むかどうか。それは、結婚後に自分の気持ちが変わるかもしれません。もし変わらなかったとしても、彼に「二人で過ごす人生もいいな」と思ってもらえるような話をすればいいだけです。

結婚前にすべてを決めなくても、結婚後だって軌道修正はいくらでもできます。「何でも二人で解決していこう」という意識さえあれば、どんなことであっても必ず二人が納得する道が見つかるのです。

Yu's Word

結婚を考えるときは「自分で自分の人生を動かす！」という意識を持つ。

モヤモヤ悩むときは、価値観を見直してみる

お悩み10 デート代を全額払ってもらえないのはどうして？　S・F・39歳　営業

私は、デート代について悩んでいます。デートにかかるお金は男性が全部払うものなのでしょうか？　それとも割り勘ですか？

以前付き合っていた人は、年下だったということもあり、割り勘にしていました。でも、親から「女性に払わせる男性は、結婚してからも女性に頼ってくるよ」と言われたので、その後は男性に払ってもらおうとしたのですが、どの人にも割り勘を希望されてしまいます。全額出すのが当然だと思っている人はいませんでした。

デート代を全額払ってくれる彼氏がいる人がうらやましいです。私が「この子には割り勘でいいや」と思わせる行動をとってしまっているのでしょうか？

質問者さんはデート代について、「彼に気持ちを素直に伝える」という解決法を実行しているようですね。それでも出会う男性たちは「割り勘」を希望するとのこと。もしそれが、彼と別れる原因の一つになっているのなら、ちょっと自分の価値観を見直してみてもいいかもしれません。

質問者さんは「デート代を誰がどう払うか」について一つの答えを求めています。でも、デート代の払い方について絶対的なルールなんてないのです。男性でも女性でも、きっと考え方は人それぞれのはず。

私の場合は、デートのお誘いを受けたときは相手に全額払ってもらうことを期待します。でも、私からデートに誘ったときは、自分が全額出してもいいと思っています。

また、決して「相手が払うお金の量」を「愛情の量」に換算しません。相手がすべてデート代を払ってくれなかったとしても、それは彼の経済状況の問題。愛情があってもお金がない人だっているのだから。

大切なのは、あなたにとっての「正解」を見つけること。

まわりの声に惑わされず、「自分はどうしたいか」を考えましょう。

いろいろな男性と出掛けてみて、自分の中にどんな感情が湧いてくるかを観察すると、自分にとっての「正解」が見えてくるはずです。

デート代を全部払ってもらったときに本当に特別な喜びを感じるのなら、それを自然にできる男性を選べばいいのです。


お悩みの内容には「全額出すのが当然だと思っている人はいませんでした」とありますが、それは何人の男性の話でしょうか？　多くの男性と接していけば、「デート代は全額出すのが当たり前」という考えの男性には必ず出会えます。それは彼の経済状況だったり、前の彼女に教わったことかもしれません。世の中のすべての男性に対し、質問者さんが「割り勘でいいや」と思わせているということではなく、単に今まわりにいる男性たちが「デート代は全額出すもの」という感覚を持っていないだけ。質問者さんをデートで喜ばせる方法をまだ、知らないのです。

一方で、デート代は割り勘だったけれど「すごく楽しかったからまた会いたい！」と思える男性だっているかもしれません。そんな人に出会ったなら、もうデート代を誰が払うかにこだわる必要はないですよね。

最初から「割り勘を希望する男性はダメ」と決めつけないで、まずはたくさんの人とデートを楽しんでみてください。

いろいろなデートを経験することで、きっとあなたが本当に求めていることがわかります。

Yu's Word

人が決めたルールではなく、自分にとっての「正解」を優先する。

「感謝」と「丁寧な説明」が彼の心を動かす

お悩み11　彼が言葉で愛情表現をしてくれない　U・H・27歳　広報

彼と結婚を前提に同棲をしていますが、今まで彼から言葉で愛を伝えてもらったことがありません。日頃の行動から愛されているということは感じるのですが、「可愛い」や「好き」などと言ってもらったことがないのです。

そういうことを彼が言いやすい雰囲気をつくるために、私から「好き」「かっこいい」と素直に伝えてみたりしますが、なかなか変化はありません。

「言葉で伝えてくれるともっと嬉しい」と言うと、時々は言葉にしてくれますが、大体「恥ずかしいから」とはぐらかされてしまいます。私が彼に「言わせる」のではなく、彼から「言ってくれる」ようにするには、どうすればいいでしょうか？

質問者さんは「日頃の行動から愛されているということは感じる」のですね。それって、すごいことだと思います。

だって、愛情って言葉だけで伝えるよりも、行動で示すほうが難しいものだから。そうやって「行動で示す」ことが、彼にとっての愛情表現なのでしょう。

そこに、あなたが求める愛情表現＝「言葉にする」を追加したいなら、まず彼の「行動」に対してできる限りの感謝を示すことが大切です。

たとえば、「〇〇してくれてありがとう！　すごく愛されてるって伝わるよ。まわりからも、そんなことしてもらっていいねって言われるんだよ」などと具体的に伝えましょう。

彼が自ら行動に移したことをあなたがすごく喜んだら、彼としてはやっぱり嬉しいはず。愛情を示すたびに嬉しいことがある、つまりメリットがあると感じるのです。人は、メリットがあることをやりたくなります。

同じように、たとえあなたが「言わせた」のだとしても、彼が愛情を「言葉」にしてくれたときに、思いっきり喜んで感謝の気持ちを伝えれば、それが彼にとってメリットとなるのです。その言葉があなたの求めている通りの表現ではなかったとしても、まずはリクエストに応えてくれたことに対して心から感謝をすること。

感謝や喜びは、あなたから彼に対する愛情表現です。「彼が自分から言ったわけじゃないから」「私の求めている言葉じゃないから」といって、感謝を出し惜しみするのはＮＧです。

愛情表現において大事なのは「ケチ」にならないこと。彼なりの愛情表現に対して、十分な愛情で応えるようにしましょう。

そうすれば、彼のほうも「ケチ」にはなりません。それは「彼が好きと言いやすい雰囲気をつくる」よりも、ずっとずっと大切なことです。

そして、彼から自主的に「好き」や「可愛い」という言葉を言って欲しいなら、きちんと彼が納得する形で理由を説明する必要があります。

「好きと言って欲しい」というリクエストは伝えているのに、彼が実行しようとしないのは、「なぜその言葉が必要なのか」がまだ彼に伝わっていないからです。「こんなに一緒にいるのに、なぜそんなに言葉を欲しがるの？」と感じているのではないでしょうか。

そんなときは丁寧に理由を説明して、彼の「なぜ？」を解消してあげれば、彼は納得して行動に移しやすくなります。

彼に理由を説明するためには、まず「どうして自分は彼から『好き』『可愛い』と言って欲しいのか？」を言葉にする必要があります。それができないと、彼が納得する説明なんてできませんよね。

自分の気持ちを客観的に分析してみて、たとえば「いくら行動で示してくれていても、たまには言葉で伝えてくれないと不安になる」とわかったなら、それを彼に伝えましょう。

二人の感じ方が違うのは当然のことなので、彼にとっては「そんなこと」だと思われるかもしれません。ですが、質問者さんにとっては「そんなこと」が付き合っていく上でとても重要なのだと伝えなければいけません。

もし彼が「どうしても恥ずかしいから言えない」と言ってきたら、「恥ずかしいという気持ちだけで今の不満をなくす努力をしなければ、二人は良好な関係でいられないんだよ」と説明しましょう。些細なズレを修正しなければ、二人はあっという間に他人に戻ってしまいます。その意識をお互いが持たなければいけません。

自分の気持ちを丁寧に説明することも、相手の気持ちを引き出すことも、手間のかかることです。でも、それが本当の意味で相手と向き合うということ。

十分なコミュニケーションで気持ちが通じ合えば、お互いが笑顔になれる最良の愛情表現ができるようになるのです。

Yu's Word

彼を納得させるには、「なぜ？」を解消してあげること。

行き詰ったときは、冷静にゴールを設定する

お悩み12　忙し過ぎる彼とうまく付き合うには？　U・Y・28歳　総務

彼は教師で、休日も部活や授業の準備などがあり、休みなく働いています。

とても忙しそうで、ストレスでアトピーになってしまっているほどです。

そんな彼とのデートは、夜ご飯を食べるか、お泊まりするだけ。

一日一緒にお出掛けしたり、旅行に行ったりしたことは一度もありません。

私からお出掛けデートをしたいと伝えても「そんな時間どこにあるの？」と言われてしまいます。最近は2カ月に一度くらいしか会えなくなり、断られるのがつらくて誘うのが嫌になってきてしまいました。それでも彼と会う時間を増やしたいのですが、疲れ切っている彼とどう向き合っていいのかわかりません。

これまで、彼に対して素直に本音を伝えることの大切さをお伝えしてきました。

でも、彼が置かれている状況によっては、一方的に「自分の気持ちを伝える」ことで、二人の関係がぎこちなくなってしまうこともあります。

今回のお悩みの場合は、彼がアトピーになるほどストレスを抱えているので、今の彼にはあなたの気持ちを受けとめる余裕がないかもしれません。

こんなときは、彼にリクエストを伝える前にするべきことがあります。それは、今の状況を冷静に把握した上で〝ゴールを設定する〟こと。

あなたが心から求める未来を設定し、そのゴールから逆算して今取るべき行動を考えるのです。質問者さんのゴールが「彼と一緒にいる時間をもっとつくる」ことなら、まず何をすればいいか考えてみましょう。

この状況では、シンプルに「時間をとって」と彼に伝えても、「そんな時間ない」と言われるのは想像できますね。そして彼が時間をとるためには、彼が自主的に「彼女のために時間をつくろう」と思わなければ難しい状況です。

彼にそう思ってもらうにはどうすればいいでしょうか？　ゴールに近づくための最も確実な行動は、次の2つです。

・今の状態で自分も彼も満足できる時間の使い方を考える
・彼の環境を変えるためにできることを二人で考える

一つ目の「時間の使い方を考える」は〝自分も彼も満足する〟ということがポイント。

あなたにとって会う頻度を高めることが重要なら、彼の部屋で夜ご飯をつくって待っていてあげるようにすれば、彼も喜んで会ってくれるかもしれません。お料理が苦手なら、疲れて帰ってくる彼にマッサージをしてあげてもいいでしょう。

あなたは「会えて嬉しい」、彼は「サポートしてもらって嬉しい」という、両方にメリットのある時間の使い方にするのです。

彼が「こんなにサポートしてくれる彼女を手放したくない」と思うようになれば、自主的に「彼女のために時間をつくりたい」と思うようになるはずです。

ただし、あなたがしたくないことをする必要はありません。彼が求めることだけをして「尽くして」いると、いずれ疲れ果ててしまいます。

たとえ短い時間でも彼とどんなふうに過ごせば自分が満足するかをよく考えて、それを提案するようにしましょう。


次に、二つ目の「環境を変えるためにできることを二人で考える」についてです。

あまりにも忙しい人は、日々のことをこなすのに精一杯で、改善策を考える余裕がなくなるもの。あなたから彼に問いかけをすることで、彼がどんな行動を起こせばいいかを考えられるようになるかもしれません。

彼がストレスでアトピーになるほど健康面で問題が出ているなら、負担を減らすために職場の上司に交渉できる可能性はあります。

「せめて土日のどちらかが休めるように、部活の指導をサポートしてくれるサブのコーチを探して欲しいって伝えることはできるの？」と聞いてみてもいいでしょう。

彼の気持ちに余裕があるときを見はからって、話を切り出してみてください。

もしかしたら、彼は自分なりに改善策を考えているかもしれません。それがわかったなら、その作戦が成功するようにサポートしてあげればいいだけですね。

このように、いったん自分の感情を脇に置いて、明確なゴールを設定すれば、目的を実現するためのステップが見えてきます。

二人が仲良くいるのが難しい環境であるのなら、そこからどうしたら仲良くいられる環境がつくれるのかを考えましょう。仕事への不満を言っている場合じゃありませんね。

彼がどんな状態にあっても、あなた次第で二人の関係は変わるのです。

Yu's Word

解決策が見えないときは、ゴールから逆算して取るべき行動を考える。

END of STORY
シオリの実家
付き合うってことは
気持ちの
すり合わせをして
いろんなことを
乗り越えていくって
ことなんだなぁ
ずず…
私は
我慢ばかりして
相手に気持ちを
伝えようと
してなかったな…
ごめん 次の土曜日 また 仕事で
いいのっ
気にしないでっ
カチャ カチャ
お母さん
お茶
飲みたいな～
ハイハイ しょうがないわね
まずは
して欲しいことを
素直に言えるように
なろう!
はい
わーい ありがとう
あっ おせんべいとか ないの?
もう! 自分で もってきなさい
マユのわがままを
見習おうっと
お姉ちゃん 何か言った～?
べっに

シオリの会社
よいしょ よいしょ
フラフラ
これっ 会議室に運んどいてくれる?
ドッサリ
は…はい
どうしよう…
今日はまた量が多い…
あっ
あ、あの! 資料運ぶの手伝ってもらえませんか?
ん?
もちろん!
なんか嬉しいなぁ 普段はきみ一人でやっちゃうでしょ?
あれ? 喜ばれた?
人に頼るの苦手で…でも思い切ってお願いしてよかったです
そうなんだ いつでも遠慮なく頼ってよ!
深く考えすぎずに甘えればいいんだな
ありがとうございます
私、今度はいい恋愛ができるかも…!
うふっ

あなたの
素直なお願いは、
伝えればちゃんと
叶うのです♡

Chapter

4

彼や家族が〇〇なんです

彼の嫌な所・両親の反対・トラブル etc.

ヒロコ〈40歳／主婦・パート〉
世話好きで、好奇心も旺盛。結婚して10年が経ち、保育園に通う息子がいる。家事や育児を積極的にやろうとしない夫に不満を感じており、近所に住む過干渉な姑にもイライラする日々。問題ばかりで夫からの愛情を感じられない生活が嫌になっている。

Story
4・hiroko
結婚したのに幸せじゃない…
ヒロコの家
もう！　ハヤト！　こんなに散らかして！　ちゃんと片付けなさい！
ヒロコさん　そんなに怒っちゃかわいそうだよ
ねっハヤト
CAR
しつけてるんだけどな
その夜——
近所だからってしょっちゅうお義母さんに来られても困るんだけど
いいじゃないか〜　来るななんて言えないよ
マサオ（夫・45歳）
結婚前はもっと私に優しかったのに
なんか最近愛情が感じられない
ザー
ガチャガチャ
アハハハ

パート先
Restaurant
うちのダンナ
昔はちゃんとゴミ出ししてくれたのにさー
結婚すると変わっちゃうよね〜〜
そうなのよーー!
好きで結婚したはずの夫のことをグチる日々
保育所のお迎え
○○保育園
ワイワイ
うちのパパも家事手伝ってくれないのよ!
はやくかえろー
そうそうやんなっちゃうよねー
ママー たけしくんちいきたいー
うちもよーー!
ねーママまだあそんできていーい?
ヨメのありがたみがわかってないのよね
……
あぶないから道にでちゃダメよっ
私、全然幸せじゃない…私の結婚生活って何なんだろう?
ガンバッテ
いつでも相談してっ
人の恋愛を応援してる場合じゃないわ…

ある日曜日
お昼ですよ〜
ヤダー！まだ遊ぶ！
テレビみたい！
絵本よもうか
お義母さんご飯の時間ですから
無理やり食べさせなくてもいいじゃない
アハハハ
カチーン……
もうっ!!ハヤト！片付けなさい！
ばっ
あっ
いいとこなのに聞こえないぞ!!
うわ〜〜ん
ヨシヨシ
ムカ〜
もうイヤ！
独身時代に戻りたい!!
ピコーン
ワナワナ

マリ
メールだわ
今度は
彼から映画に
誘ってもらえました！
カウンセリングを
受けてから
人生変わってます♥
あらっ
マリちゃん
順調ねぇ！
そういえば
ユミちゃんも
シオリちゃんも
カウンセリングに
行ってから
幸せそうだな…
婚活します
ラブラブなんです♥
さっそろそろ帰ろうかしら
ゲッ…
ばーば
バイバイ
ハヤトまた来るわねー
あー…つかれた…
ユウさん
既婚者でも
カウンセリング
してくれるかしら？
ブログをみてみよ…
カチャカチャ
個人カウンセリングは
未婚・既婚を問いません。
一人よりも二人でいるほうが
ラクになるのが恋愛です！
？
二人のほうがラク？
そんなことあり得るの⁉
どういうこと？
教えてユウさん！
私もカウンセリング行く！

◇結婚後こそ「向き合う姿勢」が大切になる

「一人よりも、二人でいるほうがラク！」と思えないということは、ヒロコさんは「一人のときのほうが自由でラクだったな……」と感じているということですね。

でも、結婚を決意したときは「一人より二人がいい」と確信していたでしょう。

今そう思えないのは、旦那さんとしっかり向き合えていないのが原因かもしれません。

あなたは、自分が選んだ男性と「向き合い続ける覚悟」がありますか？

その覚悟があれば、愚痴が出てくる前に、パートナーと話し合いやすり合わせをしようと思うはず。

それこそが結婚後もずっと幸せでいるために必要なことなのです。

付き合っている二人が絆を深めるために、話し合いをし続けることは不可欠ですが、結婚をするとその重要性はさらに高まります。

なぜなら、結婚は価値観の違う者同士が「家族」になることだから。

家族になると大きな決断が必要になることもあるし、二人以外の家族のことも考えなければならなくなります。

話し合う内容が増えるのだから、自分の考えを言葉にしたり相手の考えを聞いたりすることが、より一層大切になるのです。

どんなに面倒でも話し合いをして気持ちを伝え合わなければ、二人の間にはすぐに距離ができます。

だって二人は血の繋がっていない他人同士。「お互いを理解しよう」という意識をなくした瞬間に、心が離れていってしまいます。

それなのになぜか「夫婦なんだから言わなくてもわかるでしょ」と思ってしまう

人が多いのです。でも、婚姻届けを出して夫婦になり、日々一緒に過ごしているだけで心が通じ合うようになることはありません。

「言わなくてもわかるでしょ」という言葉が出てくるのは、「夫婦であることにあぐらをかいている」という証拠。厳しい言い方ですが、妻という肩書き（ポジション）に甘えてしまっているのです。

どんな関係であろうと、言葉にしない限り気持ちが伝わることなんてありません。二人が結婚後もずっと幸せでいるためには、価値観の違いに正面から向き合い、その落としどころを模索し続けることが大切。

つまり「もっと仲良くなるための話し合い」が必要です。血の繋がらない二人が家族になるためには、時間と労力をかけて心を繋げていくしかないのです。

◇話し合いは、仲良くなるための「時間の投資」

実りある話し合いをするためには、「感情をぶつけ合う喧嘩」にしないこと。そのためのポイントは2つあります。

・話し合いの目的を常に意識する

すでにお伝えしたように、話し合いの目的は「もっと仲良くなるため」です。たとえば「私はこれについて違和感があるから改善したい」という提案をするとき、自分の気持ちばかりを押し付けていては、「仲良く」はなれません。

相手の言い分を聞かないことには、お互いが納得することはできないのです。

話し合いで重視すべきなのは「これで二人が笑顔になれるか」ということ。そして、彼への愛情がベースにあることが大切です。自分の感情だけがベースにあるのか、相手への愛情がベースにあるかで、伝わり方がまったく変わるのです。

・「どちらが正しいか」に固執しない

自分の感情をぶつけることを優先していると、話し合いのはずが、勝ち負けを意識した「闘い」になってしまうことがあります。自分を正当化し、相手を言い負かそうとしてしまうのです。それでは、二人の関係が深まることはありません。

大前提として、あなたはパートナーと闘うために一緒にいるのではないですよね。話し合いのあと、彼から欲しい言葉は「ごめんなさい」という謝罪ではなく「じゃあ僕たちはこうしていこう」という前向きな決意表明のはず。

「闘い」になりそうになったら、「何のために彼と一緒にいるんだっけ?」と自分に問いかけてみてください。「もっと仲良くなるため」という真の目的を思い出せたら、彼に伝えるべきことが見えてくるでしょう。

これらのポイントを意識しながら、パートナーと話し合ってみてください。

結婚後は話し合いのテーマが増えるけれど、彼と真剣に向き合って話し合えば、その時間は確実にリターンのある〝投資〟になります。

私自身も、夫のリョータさんとの話し合いの時間は結婚後のほうが断然多いです。でも、それを「苦労」だなんて思いません。だって、愛情ベースの話し合いをすれば、結果的に必ずもっと仲良くなれるのだから。

さらにその過程で、新しい視点をもらえることもあります。それは自分の視野が広がるということです。そして、二人の視点があるからこそ、お互いが幸せになる道を発見でき、二人分の頭脳があるからこそ、乗り越えられることがあるのです。

そんな経験を積み重ねていくと、常に「一人よりも二人でいるほうがラク！」と思えるようになります。

これからさらに具体的に、話し合いの方法や夫婦が仲良くなるための考え方についてお話ししていきます。

「ときめきがないとダメ」なんて思わなくていい

お悩み13　夫をもう一度好きになることはできる？　Y・A・33歳　オペレーター

夫とは婚活パーティで知り合い、彼からのアプローチで付き合うようになりました。今まで付き合ってきた男性の中では一番理想に近く、素直に「好きだな」と感じたので、知り合って1年後に結婚しました。

結婚してから3年が経ち、最近は「好き」という気持ちが薄れてきていると感じます。彼を素敵だと思うことはないし、ドキドキしたりすることもありません。日常生活で彼にときめくことがないし、むしろ彼に対して不満に思うことが多いです。

別れたいとは思いませんが、こんな結婚生活でいいのかと悩んでいます。

もう一度、彼を好きという気持ちを取り戻すことはできるのでしょうか？

旦那さんに対して不満があるのなら、今一番必要なのは、先ほどお伝えした「向き合い続ける覚悟」と「もっと仲良くなるための話し合い」です。

そのことについてお話しする前に「ドキドキやときめきがない」というお悩みについてお答えしますね。

まず質問者さんは、旦那さんに対してときめきはないけれど、「別れたいとは思わない」ということですが、それはなぜでしょう?　理由を考えてみてください。

きっと、彼と夫婦でいることで〝何か〟を得られているから、別れを望まないのだと思います。「平穏な生活」「経済的な安定」「頼りになる人がいるという安心感」など、今の状況で得られているものはたくさんあるはずです。

それらが、ときめき以上に大切だから、彼との生活を選び続けているのではないでしょうか?　別れない理由が明確にあるなら、「ときめきがなくていいの?」と悩まなくたっていいのです。

「結婚に、ときめきは不要」。これは、私が日々実感していることです。

私はリョータさんに対してドキドキしたり、ときめいたりすることはありません。彼と一緒にいて得られるのは「安心感」で、それこそが私が彼を選び続けている理由。もちろん、ときめかないからといって愛情がないわけではありません。リョータさんと話し合うときは、常に愛情がベースにあります。

そして、毎日ときめき以上の感情を味わっています。それは、彼が支えてくれていることに対する感謝や、二人の関係が進化し続けているという感動。これらのほうがずっと大事なので、ときめきが欲しいと感じることはありません。

私もかつてはドキドキやときめきを楽しむ恋愛をしていましたが、それを上回る感情を知ったので、今ではもうときめきが必要なくなったのです。

そんな感情を得られているのは、私がリョータさんと「向き合い続ける覚悟」を持ち、「もっと仲良くなるための話し合い」をしているからです。

質問者さんにも、旦那さんと向き合う覚悟を持って欲しいのですが、ここで問題になってくるのは「彼を好きという気持ちが薄れてきている」ことでしょう。
先にお伝えしたように「ときめかない」ことが「好きではない」ことにはならないけれど、愛情を感じなければ「向き合おう」と思えないかもしれません。
でも「別れたいとは思わない」のなら、彼を嫌いになったわけではなく、彼の魅力が見えにくくなっているだけではないでしょうか？

あなたは今の彼をどれくらい知っていますか？　情報量と「相手への好意」は比例します。彼を好きだと感じないのは、彼についての情報が足りないせいではないでしょうか？

人は毎日変化していくので、彼の情報をアップデートし続けなければ魅力が見えなくなってしまいます。相手が今どんな状況にあるか、どんなことを考えているかを知ってこそ、相手の魅力がハッキリと見えてくるのです。それは出会ったばかりの人でも、何年も一緒に過ごしている人でも同じこと。

旦那さんに「最近はどんな仕事をしているの?」「○○さんと会ってきたんだね、どんな話をしたの?」といろいろな質問をしてみましょう。ほかの人に説明できるくらい彼についての情報量を増やせば、彼の魅力を再確認できるはずです。

そうなれば、「もっと仲良くなるための話し合い」ができるようになるでしょう。

まずは一日に一回、二人で目を合わせて会話をするようにしてみてください。

そして、不満があればそのときに彼に伝えるのです。話し合いをするときには、先にお伝えした2つのポイント(128ページ〜)を意識してくださいね。

対話を重ねていけば、確実に信頼関係が育まれます。

それもきっと「彼を選び続ける理由」の一つになるでしょう。

Yu's Word

夫婦に本当に必要なものは、お互いの情報更新と、真剣な話し合い。

どんな問題でも、二人の意志を最優先させる

お悩み14 **結婚前から家族の問題が続いてクタクタ……**　A・E・25歳　販売員

今、2年付き合った彼と結婚に向けて動いています。彼の両親は離婚しており、彼はお母さんと7歳離れた妹と3人暮らしです。彼はお給料の7割ほどを家に入れており、それを理由に彼のお母さんから「結婚を2年待って」と言われました。でも、お母さんは自分の趣味や旅行にお金を使っているのです。

何度も話し合いをして、1年後に結婚することになったのですが、今度は私の母が「そんな家とは結婚させられない！」と反対しはじめました。

彼のことは大好きなのに、問題続きでもうクタクタです。彼と別れたくはないですが、結婚してもうまくいくのかな……と思ってしまいます。

結婚となると、お互いの家族も関わってくるので、当然乗り越えるべきことが増えてきます。「家族の問題」が次々に起こって、しかもそれが自分の価値観では理解しがたいことであれば、頭がパンクしそうになるのも無理はありませんね。

でもそんなときこそ、冷静に！　すべてのことを同時に解決しようとすると大変だけど、一つひとつ別々に考えていけば、落ち着いて対処できます。

そして解決策を考えるときは、状況をできるだけ〝明確化〟すること。

結婚後も彼のお母さんへの仕送りをすることが懸念事項となっているなら、「お給料の7割ほど」という曖昧な内容ではなく、明確な金額を決めましょう。

最初にすべきことは、二人の結婚生活に必要な金額の算出。二人の所得から月々に必要な分を差し引けば、彼のお母さんに渡せる現実的な金額がわかりますよね。同時に彼のお母さんにも最低限の生活費を計算してもらって、「こちらが出せる金額」と「お母さんが必要な金額」をすり合わせるのです。

話し合いをして、仕送りの金額とその根拠を明確にしておけば、お互いに納得できるでしょう。それに、反対している質問者さんのお母さんにもきちんと説明ができるはずです。

もちろん、このことは彼と話し合いながら進めてくださいね。そして、まわりからどんな意見が出てこようと、二人で決めたことを最優先にすること。その上で、お互いの家族のことを考えるようにしましょう。

家族の意見の方を優先してしまうと、永遠に自分たち以外の誰かに振り回され続けることになります。「二人の意志が最優先！」と決めておけば、まわりから反対されたとしても、「どうやって説得しようか」と二人で話し合えるようになるのです。

話し合うことが多いと、その状況自体を「問題」だと感じてしまうかもしれません。けれど、捉え方次第で気持ちは変わります。

それがよくわかるエピソードをご紹介しましょう。

講座の生徒さんで、精神的に不安定な彼と同棲している女性がいました。結婚を前提に付き合っていたのですが、彼が仕事のストレスでうつ病になってしまったのです。

それでも彼女はしっかり彼と向き合って、講座で学んだコミュニケーション・スキルを使いながら毎晩のように彼と話し合いをしていました。

けれど、彼女は結婚が決まったほかの生徒さんの話を聞いたりして少し落ち込んでしまいます。「私は毎晩話し合いばかりで最近全然笑っていなくて。なんだか悲しい……」という彼女に、私はこう伝えました。

「みんな、大好きな彼と毎晩話し合いができる関係を望んでいるんですよ。彼が話し合いに応じてくれないと悩む人が多い中で、嫌というほど話し合いができるのって、実は幸せなことなんじゃないかなあ？」

すると、彼女の中で捉え方がガラッと変わったのです。「こんなに彼と話し合うようになったのは、彼がうつになってからだ」と気づき、彼と話すときの気持ちも変わりました。「彼と向き合えているのは幸せなこと」と思えるようになり、さらには彼に笑顔で「今日も話し合いができたね！」と言えるようになったのでした。

その後、彼はうつ病を克服し、二人は今新たな一歩を踏み出しています。

何かが起こったとき、「問題ばかり……」と悩むのか、「幸せになるために一歩一歩進んでいる！」と前向きに捉えるのかは、あなた次第。

結婚を進めるにあたって乗り越えるべきことが出てきたとしても、彼と〝夫婦になる準備〟をするのって、本来は幸せなことのはずです。

予想外のことが起こっても障害物競争だと思ってクリアすることを楽しんで。乗り越えたことはすべて、二人の自信と絆になるのだから。

Yu's Word

自分の捉え方次第で見え方は変わる。今の状況の中に〝幸せ〟を見つけて。

彼の「心配」には、熱い「プレゼン」で応える

お悩み15　夫からの束縛がひどくて喧嘩ばかり　H・M・36歳　教員

私のことがすごく好きで、私にアプローチし続けてきた人と結婚したのですが、結婚後、彼の束縛がひどいことに悩んでいます。結婚当初は一人でコンビニエンスストアへ行くのも心配されました。結婚してから3年経った今も、何かにつけて「心配だから、ダメ！」と行動を制限されてしまいます。

もともと好奇心旺盛で、いろいろなことにチャレンジしてきた私からすると、夫の束縛は窮屈で仕方がありません。最近は我慢の限界で、私もかんしゃくを起こすようになり、お互いを悪く言う喧嘩が増えてきました。どうしたらユウさんとリョータさんのようなラブラブな関係になれるのでしょうか？

質問者さんは、旦那さんが「結婚後」に束縛をするようになったと感じているかもしれません。でも、彼のあなたに対する想いは結婚前から一貫して変わっていないのではないでしょうか。

結婚前は「あなたのことが大好きだからアプローチし続けてきた彼」が、結婚後は「あなたのことが大好きだから心配になる彼」になっただけだと思うのです。一緒に生活をしていると彼はあなたの行動をほぼ把握できるので、その一つひとつを「心配」するようになり、それが「束縛」だと感じるのでしょう。

でも「自分をすごく好きでいてくれる彼」を選んだのなら、「好きでいて欲しいけど心配しないで」というのは、ちょっと旦那さんがかわいそうです。

実は、リョータさんも私のことをすごく心配してくれます。たとえばコンビニへ行く必要があれば、彼は私を一人で行かせることはなく、代わりに行ってくれます。

今は一緒に仕事をしているので別々に過ごすことがあまりないですが、出張などで私が単独行動をするときはすごく心配してくれて、帰宅するときは必ず迎えに来てくれます。

そんなリョータさんは、私にとってすごくありがたい存在だと思っています。私を大好きだからこそ心配してくれているとわかっているからです。でも、見方を変えれば彼は「束縛をする夫」ですよね。同じ行動でも捉え方によって印象は変わるのです。

ときには、リョータさんの心配な気持ちが、私の行動に対する「反対」や「否定」という形で現れることもよくあります。

私が「こんなことをやってみたい」と言うと「でも、リスクがあるんじゃないの？」と否定的に返してくることだってあるのです。

そういうときでも、私は反対するリョータさんに腹を立てたりはしません。だって、必要なときは大事にしてもらうけれど、そうじゃないときは心配して欲しくないなんて自分勝手過ぎるから。

私の場合、リョータさんが反対するときはその理由を一つひとつ聞いて、彼の心配事を解消するための〝プレゼン〟をします。彼を説得できない限り、どんなことでも実行には移しません。だから、どうしてもやりたいことがあれば、彼が安心できる方法をいろいろと考えて、時間をかけて説得するのです。

それを面倒くさいとは思いません。なぜなら、彼は「私を悲しませる」ために反対しているのではないから。彼は「私を守りたい」から、私が傷つくことがないように懸念点を示してくるのです。彼の心配は愛情だとわかっているから、私も説得することに労力をかけようと思えます。

さらに、リョータさんが反対する理由を聞くことで、私には見えていなかったリスクに気づくことも多々あります。ともすれば突っ走りがちな私にとって、彼の冷静な指摘は新たな視点を得る機会になる。つまり、彼の反対に耳を傾けることが、私の思考の幅を広げるチャンスにもなるわけです。

心配しがちな彼と向き合うには、まずは彼の愛情に感謝すること。そして、彼が感じている懸念点をきちんと聞くと同時に、一番のファンでいてくれる彼を安心・納得させるためのプレゼンをすること。

そんな対話を続けていれば「ここを押さえていれば彼は納得する！」というポイントがきっと見えてきます。話し合いをすればするほど、彼の性格や思考パターンがわかってくるからです。

そして、彼の「束縛」が、あなたを守ろうとする姿勢の一つだということも実感できるはず。お互いの気持ちを〝聞き合う〟話し合いをしていれば、ずっとラブラブな関係でいられるのです。

Yu's Word

「愛情」が欲しいのであれば、「心配」を解消してあげよう。

伝わるまで伝えようという「覚悟」が彼を変える

お悩み16　**私の話を夫が聞いてくれません**　I・M・36歳　育児休暇中

私は夫と二人の子ども、そして私の母と同居しています。

夫は文句を言わずに母と同居してくれているので、感謝はしているのですが、彼は人の話を聞いていないことも多いし、片付けも得意ではなく、さりげなく注意しても、なかなか変わりません。結婚当初はそれでも仲良くやっていたのですが、今は子どもも母もいる状況。子育てについて相談しようとしても夫が耳を傾けてくれないので私自身も不満が溜まり、それを見ている母からも夫の愚痴が出るようになってしまいました。こんな性格の夫に、思ったことや協力してほしいことを聞いてもらうには、どうしたらいいのでしょうか？

質問者さんが旦那さんに「さりげなく」注意しているのは、できる限り円満にやっていきたいという気持ちがあるからかもしれません。でも、さりげなく言っているだけでは旦那さんの言動が変わることはないでしょう。

旦那さんへの要望をハッキリと言わず、なるべく穏便にすまそうとしていると、状況は変わらないと思うのです。

あなたにとってパートナーである旦那さんは、ずっと向き合い続ける相手です。まず、要望は伝わるまで伝えるようにしましょう。

これに関しては「こういう言い方をすればいい」という〝特効薬〟はありません。一番効果的なのは、伝わるまで何度も言うことです。

「どうせ聞いてなんてくれない」「話しても変わらない」と思うのは、向き合うことを放棄するのと同じこと。それでは誰も笑顔になんてなれません。

私はリョータさんに伝えたいことは何回だって言うし、いくらでも時間をかけます。「パートナーとは絶対にわかり合う!」と心に決めているからです。

わかり合うことをあきらめたくないから、いつも全力で向き合っています。

中には「こちらが向き合おうとしているのに、話を聞いてくれない」と苦戦する相手もいるでしょう。ですが、向き合うことが難しいパートナーはいても、向き合うことができないパートナーはいないのです。


昔、私も話し合いをしたがらない相手と、付き合っていたことがあります。あるとき私が話し合おうとすると、彼は「うるさいな、もういいよ!」と言ったのです。

そのとき私は、次のようなことを丁寧に伝えました。

「私はできればこれからも○○くんと一緒にいたいと思うから、二人の間のことを解決するために私の意見を伝えているの。怒っているわけでも怒らせたいわけでもなく、ただ○○くんがどう思うかを知りたいの」

私が感情的にならずに何度も伝えていると、やがて彼も話し合いに応じ、普通に対話ができるようになります。

そして私は、話し合いの最後には必ず彼に感謝をしていました。

「あそこで○○くんが受け入れてくれたから、落ち着いて話ができて、早く解決することができたね。これでまた一緒に仲良く過ごせるね」

こんなやりとりを繰り返していると、彼の反応がだんだんと変わってきて、話し合いを嫌がることがなくなりました。

話し合いに応じると感謝をされるし、パートナーが笑顔になる。

それは彼にとってもすごくラクなことだとわかるので、彼もそちらを選ぼうと思ってくれるようになったのです。


この「感情的にならずに何度も伝えること」の大切さは生徒さんにもよく話します。そして、彼と向き合うことに時間と労力をかけるようになった方たちは「私の彼も話を聞いてくれました！　本当の彼は思っていたよりもずっと優しい人でした」と言うようになるのです。
これは、彼女たちの言葉が、相手の〝優しさ〟を引き出したということ。どんな男性にも優しい部分や頼もしい部分はあります。そこを刺激して引き出せるのはパートナーであるあなたの言葉なのです。

彼と真剣に向き合って冷静に話し合えば、彼のいい所をもっと見ることができます。そう考えたら、話し合いって嫌なことじゃなくなりますよね。思う存分パートナーと話し合いましょう。
話し合いの数だけ、夫婦の絆が深まります。

Yu's Word

「聞いてくれない彼」にするか「優しい彼」にするかは、あなたが選べる。

END of STORY
プルルル—
足元にお気をつけ……
価値観の違う者同士が
家族になるんだから
結婚後こそ
話し合いが必要なのね
タタン…
タタン…
タタン…
夫婦ってことにあぐらをかいてはダメ!
耳がいたい～
コツン…
きちんと伝えず
文句ばっかり
言ってたわ
ただいま～
おかえり～
言いたいことが
言える
夫婦関係を
つくらないとね
ハヤトおみやげよー
わーい
よかったなー
まずは
今の夫を知る!
ハヤトー
パパにも
おみやげ見せてー
ねぇ
最近残業が
多いけど
仕事内容が
変わったの?
ああ、
大きなプロジェクトを
任されちゃってさ
え～っ すごい!
頼りに
されてるのね!
ああ
まぁな

家では くつろげるように 家事はしっかりやるね でも 子育てのことは 二人で考えたいの
一人より 二人のほうが アイデアが出るでしょ？
確かに…
後日――
ほら ハヤト ご飯の前に 片付けだ！
はーい
パパも手伝うぞ
食事の前は お片付けの時間って 決めたんです
エライ！
キレイになった
頼りになるわー
それはいいわっ
ねぇ たまには 食事に行かない？
ハヤトはお母さんがみててくれるって
ああ いいよ
素敵なお店 知ってるのね！
会社の 若いやつに 教えて もらったんだよ
自分次第で 幸せな結婚生活に なるんだな♪
カンパーイ

二人の関係は、
いつからだって
何度だって
やり直せる！

Chapter

5

どうすれば幸せな恋ができる？

復縁・不倫関係・浮気で悩んでいます

カオリ〈32歳／メーカー・企画担当〉

問題がある男性に惹かれがち。付き合うと「尽くす恋愛」になってしまってうまくいかず、フラれることばかり。結婚願望が強いので、いろいろと行動を起こすがいつも空回りしてしまう。友人の結婚が続き、「私も結婚しなきゃ！」と焦っている。

Story 5. Kaori
私、どうして結婚できないの？
カオリの部屋
また結婚報告〜!?
結婚しました！
三十路を超えたとたん同級生の結婚ラッシュ…
幸せそう….
いったいどうしたら結婚できるの〜？
私フラれてばっかりなんですけど？
おしゃれには気を使っているし見た目だって悪くないのに…
……
みんなが普通にできる結婚ができないなんて
私、何か大きな欠陥があるのかな？
〜え？そうなの？
落ち込んでちゃダメだとにかく行動しないと！
ばっ

何はともあれ
まずは占い…
タロットカード
占い 2F
ソウルメイトとは
いつ出会えますか？
あなた
男運ないわね…
ガクッ
やっぱり!?
マッチングアプリで
彼氏探し…
この人
イケメンだ！
こっちはダメ！
全然
マッチング
しないよ～！
条件のよい
イケメンが2人しか
いなかった
…
婚活パーティー
ワイ
ワイ
ワイ
ワイ
ミュージシャン
やってマース
銀行員です
うーん
いい人
そうだけど…
素敵な人が
まったくいない…
ガーー…ン

あーーあ
いい人いないな〜
ポイッ
パフッ
元カレのアキラの方が全然マシ…
はあっ
1カ月前に喧嘩別れしたアキラ…どうしてるだろう?
また仕事辞めたの?ちゃんと働きなよっ
うっさいな!お前に関係ねーだろ!
そうだ!アキラとやり直せばいいんだ!
あっちから告白してきたんだし
復縁が結婚への近道かも!
元気?今度飲みに行かない?
タタッ
タッタッ
あっ既読になった!!
3時間後——
既読スルー…
返事こない…
し〜〜ん

もう どうしたら いいの～？
バフッ
あっ
結局自分で買った
溺愛される わがままのすすめ
そういえばヒロコさんが…
カオリちゃん絶対ユウさんのカウンセリング行ったほうがいいよ！
よし！ユウさんに元カレに溺愛される方法を聞こう！
きっと具体的な方法を知ってるハズ！
ユウさんのブログチェック!!
あっ
個人カウンセリング今週末までだ！
ギリギリセーフ！
さっそく申し込もっ
ンセリングお申し込み
タッ
送信
ユウさんのアドバイスを実行して1年以内に絶対結婚するぞ！
メラ
メラ

◇「彼を選びたい！」は、本当にあなたの本心？

カオリさんのように「元カレと復縁したい！」という方は講座の生徒さんにもたくさんいます。元カレとヨリを戻す方法はあるし、実際に復縁できた方もいますが、復縁を考えるときに、まず確かめておかなければならないことがあります。

それは、彼とまた恋人になりたいという気持ちが、本当にあなたの〝本心〟かどうかということ。

もし、彼への愛情よりも、「復縁が結婚への近道だと思うから」とか「寂しい気持ちを埋めたいから」という気持ちが強いようであれば、復縁は決してうまくいきません。なぜなら、復縁は「彼を選びたい！」という強い意志がなければ実現しないことだからです。

元カレならお互いのことをよく知っているし、新しい人と一から恋愛するよりはハードルが低いと感じているのだとしたら……それは大きな間違い。

新たに出会った相手なら二人の関係はゼロからのスタートだけれど、一度別れた二人はマイナスからのスタートです。だって、一度その関係は破綻しているのだから。別れた相手だからこそ、乗り越えなければならない大きなハードルがあるのです（そのハードルの乗り越え方は、のちほど詳しくお伝えしますね）。

もしこの事実を知って「そんなに大変なら復縁はやめよう」と思うなら、元カレとヨリを戻したいという気持ちはきっと本心ではなかったのでしょう。

本心を見ようとせず、やみくもに行動を起こしたとしても、うまくいくことはありません。結局、悩み続けることになってしまうのです。

復縁に限らず、もしあなたが恋愛や結婚について「いったいどうしたらいいの？」と悩んでいるのだとしたら、それは、自分の本心を見失っている状態です。特に、彼と不倫関係になっていたり、浮気に悩んでいる人はその可能性が高いでしょう。

◈人生に「当事者意識」を持てば幸せな恋ができる

自分の本心を見失っている人は、不安や焦り、迷いの中にいます。

そして、よくこんな言葉を口にするのです。

「どうして、私ばっかりうまくいかないの⁉」

「もうどうにもできない！　完全に八方ふさがりだ……」

少しでもこんな気持ちになってきたら要注意！　被害者意識のせいで視野が狭くなっているというサインです。被害者意識が出てくるのは、自分以外の誰かのせい、という錯覚に陥っている証拠です。


でも、忘れないで欲しいのは、自分の人生を動かしているのは〝あなた〟だということ。自分の人生に対してしっかりと〝当事者意識〟を持っていれば、誰かに人生を動かされてしまうことなんてないのです。

「どうにもできない」という言葉が出てきたら、当事者意識を持てていないということです。でも、自分の人生に関わる悩み事について、自分がどうにもできないことなんてあり得ません。

そんなときは、「ちょっと待って。本当にどうにもできないのかな？」と自分の認識を疑ってみてください。

そして、目の前の選択肢をあらためて考え直しましょう。あなたは自分の意志次第でなんでも選ぶことができるのだから、選択肢はいくらでもあるはずです。

その選択肢を考える上で不可欠なのが、自分の本心を明確にすること。本心がわかれば、必ず選ぶべきことが見えてきます。

最初は「私はどうしたいんだろう？」と悩むかもしれないけれど、本心を見つけることをあきらめないで。恋愛や結婚をする上で、自分が本当に求めているものを考え続けてみてください。

そうすれば、いつかは自分の本心がわかります。自分のことなのだから、絶対にわかります！

本心が明確になり、選択肢が見えてきたら、不安や焦りは消えていくでしょう。そうなったら、あとは行動するだけです。

これからご紹介するのは一見解決が困難なお悩みです。でも、自分の本心さえわかれば、どんな問題でも自分で解決することができます。どんな悩みにも、解決策は必ずあるのだということを忘れないで欲しいのです。

読み進めながら、あなた自身の本心についても考えてみてくださいね。

彼の不安を解消すれば、もう一度彼女になれる

お悩み17　元カレと復縁するために必要なことは？　A・M・29歳　事務

私は年下の彼と1年間付き合っていたのですが、不安になり過ぎて私から別れを切り出すことがありました。そのたびに彼がとめてくれていましたが、最終的に「もう疲れた」と言われ、距離を置くことに。

ただ、メールのやりとりを続ける中で、私は「やっぱり好きだから別れたくない」と思い、そのことを彼に伝えました。でも彼が選んだのは別れでした。

私はまだ彼が好きですし、他の人を選ぶことは考えられません。一度別れてしまった以上、簡単には戻れないと思いますが、もう一度片思いから頑張りたいのです。

復縁だからこそ気をつけなければいけないことってありますか？

最初にお伝えしたいのは、普通の片思いと、復縁を目指す片思いはまったく違うということです。

普通の片思いは「何度もわかりやすく相手に好意を示す」というアプローチからはじめればいいですよね。でも、復縁の場合はアプローチを始める前にするべきことがあります。

それは「彼の自信を回復させてあげる」こと。

彼は、別れを決意したときに完全に自信を失っています。「あなたとうまくやっていく自信」、そして「男としての自信」がなくなっているのです。

彼に「やっぱりあなたが好き」「別れたことを後悔している」といって復縁をせまる前に、彼が自信を持てるような言葉を伝えてあげてください。

質問者さんは彼とメールのやりとりができているようなので、まずはメールで彼とコミュニケーションをとるときに、感謝の言葉を伝えたり、彼の行動を認めて褒めたりするといいでしょう。

そして、彼の言葉や振る舞いによって自分が嬉しい気持ちになったり、やる気になったりしたことを具体的に伝えること。「あなたの言動は私にこんなにも影響力がある」ということを知ってもらうのです。

人は自分の影響力を認識することで自信を持つことができます。「自分の言葉でこの子はこんなふうに心を動かすんだ」と実感することで、彼は徐々に自信を取り戻すはずです。

彼の自信が回復してきたら、やっと復縁に向けてのアプローチができるわけですが、ここで「好き」と伝え続ければいいわけではありません。

なぜなら彼は「きみの気持ちはわかるけど、僕たちは結局うまくいかなかったよね。うまくいく方法が見えてないんだから復縁は無理だよ」と思うから。

だから、彼への気持ちは一度伝えれば十分。それよりも重要なのは、「今後うまく付き合うための方法」を彼が納得する形で提案することです。

そう、ここでも〝プレゼン〟が必要なのです。

まずは彼が復縁を考えるときに懸念事項になりそうなことを箇条書きにしましょう。喧嘩や話し合いをしたときの彼の言葉をよく思い出して、彼が言いそうなことを書き出してみてください。

質問者さんの場合だと、彼から「また不安になるんじゃないの？」「前みたいに別れたいって言っても、とめないよ？」と言われる可能性が高いですよね。

彼が言いそうなことを思いつく限り挙げたら、それを解決するためのプレゼンを考えます。たとえばこんな感じです。

「不安になるんじゃない？」

↓前は憶測で不安になっていたけど、その原因は一人でネガティブに考えてしまうことだった。これからは少しでも気になることがあればきちんと言葉であなたに伝えて解決する
「別れるって言わない？」

↓別れることが一番悲しい「二人にとっての不正解」だと知ったから、今後は別れの選択肢を捨てる。常に「二人にとっての正解」を選ぶようにする

このように、彼が抱くすべての懸念点に対して解決案を説明できるように準備するのです。

この解決案も、一つひとつ書き出すといいでしょう。

そして、彼が「それなら確かに大丈夫そうだ」と納得するようなプレゼンになっているかをじっくり確認してみてください。

完璧に準備ができたと思ったら、いよいよ彼にプレゼンしに行きましょう！

あなたのプレゼンによって彼の懸念点が解消されたら、かなり高い確率で復縁が成功するはずです。

講座でも、復縁を希望する生徒さんにプレゼンの準備をしてもらいます。

そして私が生徒さんの彼氏役になってシミュレーションをするのです。

さらにプレゼン内容について私が細かくフィードバックをして、より説得力があ

るものにしています。私が「よし、これなら大丈夫」と太鼓判を押したプレゼンはほとんど成功しています。

注意点は、このプレゼン準備はなるべく短期間で行うということ。時間をかけているうちに、復縁したい彼に好きな人や新しい彼女ができてしまったら、当然成功しにくくなってしまいます。

あらゆるケースについて確実に言えるのは、プレゼンの準備をすればするほど、復縁の可能性は高まるということです。

「同じ失敗は絶対にしないから安心して！」というメッセージがしっかりと彼の心に届けば、彼はもう一度あなたを彼女にしようと思えるのです。

一度の破局が二人にとって「終わらない恋となるための必然」に変わる瞬間です。

Yu's Word

復縁を成功させるには、愛情表現よりも「プレゼン力」。

本心が満足しない恋は、あなたを幸せにしない

お悩み18

既婚者の彼に依存して別れられない　T・Y・24歳　休職中

5年近く付き合っている彼氏がいます。彼は30歳年上で既婚者。大学生のときにバイト先で知り合い、悩みを相談しているうちに親しくなって、あまり深く考えずに付き合うようになりました。

彼は10年以上別居をしています。私と出会った当初は離婚を考えていると言っていたのに、今は離婚をするつもりはないようです。

彼のことは大好きなのですが、友人には別れたほうがいいと言われるし、彼の家族に対しては後ろめたさを感じます。でも、私が彼に依存していて、なかなか別れられません。どんなふうに考えていけばいいでしょうか？

あなたは、どんな感情を味わいたくて、何が欲しくて恋愛をしていますか？恋愛をすることで「安心したい」のか、「自信が欲しい」のか、「いつかは結婚したい」のか。あなたの本心が求めるものは何でしょうか？

それがわかったら、今の彼との関係で求めるものが確実に手に入るかどうかを考えてみてください。

一緒に過ごしているときは、一時的に楽しくて安心感が得られているとしても、彼と離れているときはどうでしょうか？　会えないときは不安や自信のなさにさいなまれるのなら、本当の意味で欲しいものは手に入ってないということです。

今は求めるものが得られていないけれど、それでも彼以外の人は考えられないというのなら、彼との関係を変えるために行動を起こすしかありません。その選択肢を考える前に、ちょっと自分の立場を客観的に見てみましょう。

たとえ彼が10年以上別居をしていても、奥さんよりもあなたが好きだと言っても、立場が強いのは奥さんのほうです。つらい思いをしていると、自分のことを被害者のように感じがちですが、今の日本の法律の上では、あなたが慰謝料を請求される立場にあるのです。

どんなにお互いのことが好きでも、あなたは弱い立場にある。そして選択権は完全に彼が持っている。そんな状態でいいわけがないですよね。

最善の方法は、そういう立場を解消することです。

まずは、彼に「離婚して欲しい」と伝える必要がありますが、あなたが彼に会っているうちは、実際に離婚してくれることはないでしょう。

離婚しなくてもあなたに会えるなら、彼は離婚する必要がないのです。あなたに会いながらも離婚はしないという選択をし続けることになります。

大事なのは、彼がそんな「ずるい立場」のままいられる関係にしないこと。

「奥さんと別れる日にちまで決めないと私はあなたに会わない」とまで言って、彼に選択をせまらなければならないということです。

もし彼がそれに応じなかったら、彼としては「ずるい関係」を続けたいのでしょう。そんな関係を強いる彼を選び続ける必要があるでしょうか？　メリットよりもデメリットが多いことに気づけば、あなたが彼に「依存」する理由なんてないはずです。

世の中には、これだけ多くの男性がいるのだから、他の人にも目を向けてみてください。きっとあなたは彼以上に愛せる男性に出会います。

なぜなら、あなたには人を愛するための〝スキル〟があるから。今、あなたは悩みながらも「この関係を維持したい」と思えるほど彼を好きなのですよね？　それは、あなたが一人の男性を情熱的に愛せるスキルを持っているということ。

つらい思いをさせる人をこれほど愛せるのだから、あなただけを見てくれる人はもっと愛せるはず。そんな相手を見つけて心から満足できる恋をしましょう。

ただし、今の彼との関係を続けているうちは、新しく出会った人を彼と比べて「彼のほうがいい」と思うことが多いでしょう。長く付き合っている人のほうがよく見えるのは当たり前です。でも過去ばかり見ていては、未来の可能性を見過ごしてしまいます。

新しい人と恋に落ちるためには、今の彼と距離を置く〝決断〟をしなければなりません。決断とは、「決」めて「断」つこと。出会いを求めて行動を起こしても「ダメだったら今の彼に戻ればいい」なんて保険をかけていたら、新しい恋ははじまらないのです。

講座では既婚者と10年近く付き合ってきた方もいましたが、彼ともう会わないと「決めて」、彼への思いを「断った」とき、新しい彼に出会っています。

勇気を出して決断したら、あなたの世界は一気に広がります。不安の全くない、心から感じられる幸せをぜひ恋愛で味わってくださいね。

Yu's Word

自分には〝人を愛するスキル〟があると信じる。

彼を信じられない原因は、あなたの中にある

お悩み19　彼が浮気していないかが気になってしまう　H・S・39歳　人事

最近、浮気をしている人の話を聞くことが多く、「なぜ世の中の男性はそんなに浮気をするの？」と悲しくなります。それでつい、彼氏と会えない日に「他の女性と会っているのでは？」と疑ってしまいます。

さらに、浮気をされたときに何の対策もしてこなかったことを後悔しそうなので、浮気の「牽制」として、彼の行動を逐一確認してしまいます。私が彼の行動を気にしていれば、浮気をする気にならないかなと思うのです。

このほかに浮気を防ぐための対策はあるのでしょうか？　覚悟を持って信じ続ければいいのかもしれませんが、それでうまくいくのでしょうか？

率直にお答えすると、私は浮気を防ぐ「対策」なんてないと考えています。

たとえば質問者さんのように、彼の行動を逐一確認していると、彼はあなたに信用されてないと感じ、自信を失ってしまいます。

その自信のなさを埋めるためにほかの女性に目を向けてしまうかもしれません。

彼の行動を制限していると、浮気を防止するどころか、彼との信頼関係が失われる可能性があるのです。

浮気防止策を考えるのではなく、自分の心を冷静に見つめてみましょう。

質問者さんは「浮気をしている男性が多いから、彼も浮気をするかもしれない」と不安になっているのですよね。ということは、自分が不安になる原因は男性側(彼)にあると感じているかもしれません。

でも、本当の原因はあなたの中にあります。彼があなたを不安にさせているのではなく、あなたが彼と「満足できる関係」を築けていないから不安になっているのです。

彼の行動や意識をコントロールしたところで、あなたの不安は消えません。彼を疑う気持ちをなくすには、二人の関係を強化するしかないのです。

ずっとお伝えしてきたように、満足できる関係をつくるには、相手としっかり向き合い、不満をなくすための話し合いをすること。それが十分にできていないと不安になり、結果として彼を疑うようになってしまいます。

私は夫のリョータさんの浮気を心配することはまったくないのだけれど、それは「ただ彼を信じているから」というわけではありません。

常に彼と「満足しかない関係」をつくることに全力でフォーカスしているから、それ以外のことを考えないだけなのです。

遠慮や妥協をせずに自分の気持ちを伝え続けると同時に、リョータさんの不満も見逃しません。彼が不満を感じていそうなときは、必ずこちらから「スッキリしないことがあったら言ってね」と問いかけます。

そして、二人が納得する解決方法を一緒に探ります。彼が二人の関係に満足しているかどうかも常に確認しているのです。

ここまで徹底的に向き合わないと、二人の心が深く結びつくことはありません。二人がしっかり結びついていないということは、二人の間に〝隙間〟があるということ。そこに、ほかの人が入ってきてしまうのです。

私はリョータさんとの間に何かが起こったときに「あのときにしっかり向き合っておくべきだった……」なんていう後悔は絶対にしたくないから、どんなに面倒でも、彼に気持ちを伝えることを選びます。

常に全力で彼との関係を「満足なもの」にしているので、もし仮に彼が浮気をしたとしたら、私は「え、向き合い方が間違ってたの？」とシンプルに驚くと思います。

きっと相手の女性に興味を持つことはなく、「彼はいったいどこに満足していなかったんだろう？」と、原因を究明しはじめるでしょう。

それくらい「二人の関係に心から満足しているかどうか」がすべてだと思っています。人は魅力的な異性に出会ったから浮気をするわけではなく、パートナーとの絆が弱くなったから浮気をしてしまうのです。

だから、何よりも大切なのは、フェアな立場で気持ちを伝え合い、お互いを分かり合おうという意識を持ち続けること。それが浮気を防止するための確実かつ唯一の方法です。

必要なのは「信じる覚悟」よりも「全力で徹底的に向き合い続ける覚悟」。その覚悟を持った人だけが〝ゆるぎない信頼と安心〟を手に入れられるのです。

Yu's Word

常に満足している二人の間に、他人が入る余地はない。

幸せになるための鍵は、自分で自分を満たすこと

お悩み20 **結婚適齢期なのに「追いかける恋」がしたい**　N・M・29歳　企画

最近いつも遊んでいた友人たちの結婚が一気に決まり、彼氏がいない私は一人取り残されたような気持ちになっています。私は昔から結婚願望があって、数年前から毎週出会いの場へ行っているのですが、まったくうまくいきません。

私は来る者拒んで去る者追うタイプ。大事にしてくれる人を拒否してしまい、自分を見てくれない人にときめいてしまいます。結局私は、ドキドキさせてくれる人を追いかけるのが一番楽しいのかもしれません。でも、ときめきたいからといって結婚を先延ばしにしていたら後悔しそうだし、理想の人生からはずれてしまいそうで怖いです。もうすぐ30歳なのに、どうしたらいいのかわかりません。

「ドキドキさせてくれる人を追いかけること」が、本当に質問者さんの心が求めていることなら、その気持ちを満たしてあげればいいだけですね。

でも、焦りや迷い、不安があるということは、それが本心だと確信できていないということです。そんなときは〝自分会議〟をしましょう。

つまり、本心を探るために自分の気持ちを明確にしていくということですが、ここでも書き出すことが大事です。恋愛や結婚に関して望むことをすべて文字にして、視覚化してみてください。

そのときに「未来の自分の気持ち」は考えなくて大丈夫です。だって「あとで後悔するかも」と思っていると〝今の〟自分の心を満たすことはできないから。

また「まわりの人に追いつくこと」も考える必要はありません。まわりの人と足並みをそろえるより、自分の心を満足させるほうがずっと大切です。

そしてあなたの考える「理想の人生」が、もしかしたら思い込みかもしれないと疑ってみること。たとえば、結婚や子どもを持つ年齢などについて「世間一般でよく語られている理想」＝「あなたの理想」になっていませんか？

そういったことをすべて取り払った上で、本当に自分が求めることを書き出したら、それらに優先順位をつけます。

その結果、「ドキドキさせてくれる人を追いかけること」が一番大切だと思ったら、そういう恋愛を楽しめばいいのです。幸せな結婚をしている友だちを見て焦るのではなく、彼女たちから「独身っていいね」と言われるくらい、あなたの求める恋を思いっきり楽しみましょう。

ただ、そんな恋愛をしているときに、まわりを見て「あの子は愛されていていいな」「大切にしてもらっていて羨ましいな」と感じてモヤモヤするのなら、本心を見誤っている可能性があります。自分の〝心の動き〟に敏感になり、違和感があったらその都度自分会議をして本当に望むことを見極めてくださいね。

何度も考えて、やっぱり今は追いかける恋愛をしたいと確信したら、「ドキドキする恋愛に飽きたら結婚を考える！」を今の正解にする。そしてまわりの人にも伝えてしまいましょう。

結婚適齢期に必ず結婚をしなければならないわけではありません。結婚について周囲の意見や一般論を優先していると、自分の心が満足しないまま人生が進んでいってしまいます。

あなたの人生を満足させられるのはあなただけ。だからいつも、本心が満たされる選択をしましょう。何度も言うけれど、あなたは自分の意志で何だって選べます。人と同じことを選択する必要なんてありません。

もし選択することをためらうのだとしたら、それは「失敗したくない」という恐怖心があるからでしょう。何かを選択すれば、得るものもあるけれど失うものもあります。それによって「失敗した」と思うのが怖いのです。

でも、いつかは何かを選ばなければならないですよね。そして私たちは「選ばなかったほうの未来」を見ることは決してできません。だったら、選んだほうに納得して、その上で幸せになると決めればいいだけです。

常に本心を明確にした上で選択をしていれば、自分が選んできたことに納得できるはず。なぜなら、選ぶたびにあなたは心から満足しているはずだから。

もし、気持ちや状況が変わって別のことを望むようになったら、今度はそちらを選べばいい。そうやって納得しながら生きていくのが、一番満足度の高い人生です。

人生は「今」の連続。

「今」を心から満たしておくことが、幸せな人生をおくる秘訣なのです。

Yu's Word

しっかり〝自分会議〟をしていれば人生に後悔はなくなる。

END of STORY
みんないろんなことで悩んでるんだなぁ
あなたが本当に求めていることは何？
しっかり自分会議してくださいね！
それが幸せになる秘訣ですよ
私が求めていること…結婚？
でも私、なんで結婚したいんだっけ？
もしかしてまわりが結婚してるから焦ってただけ？
私の本心が求めていることって何だろう？
うーん
ピタ…
とりあえず帰ろう…
ただいまー
よし！さっそく自分会議しよう！

ユウさん
紙に書いて
整理するといいって
言ってたな〜
メモ
メモ
あった
STAMP
私が
求めているもの――
1時間後――
うん！
これだな！
一緒にいて
安心できる
パートナー
協力して
色々な新しいことに
チャレンジしたい
んん？
これが本心なのに
どうして
あんな人たちと
付き合ってたんだろう
バイク命♪
①趣味が全く合わない人
②不安定なフリーター
アキラ
バチーン
復縁なんてしてる場合じゃないっ
これからは
自分の本心が
満たされる恋をしよう！
もしかしたら
婚活パーティの
あの人いいんじゃない？
デートしてみよっかな！
銀行員です

あなたの
気持ちが満たされる
恋愛をしなくちゃ
意味がない！

おわりに

付き合うって、「恋人」になることではなくて、お互いの「今」を共有し合うこと。

結婚するって、「夫婦」になることではなくて、お互いの「人生」を共有し合うこと。

もともとは他人で、異なった価値観を持つ二人が一緒に過ごすためには、「私には（俺には）わからない」で終わらせないこと。

可能な限り、「わかろう」とすることです。


男性と女性。それは、同じ「人間」と一括りにできないほど、別の生き物です。

考え方も、感じ方も、愛し方だって違います。

だから恋愛では自分の思う「普通」がパートナーに通用しないのです。

でもそれならば、「違い」を受け入れればいい。

相手を自分と「同じ」にしようとするのをやめて、「異なる二人の中間点」を見つけていく作業に切り替えればいいのです。

そしてそれなら、できるはず。

だって二人は「お互いを愛している」という共通点でつながっているのだから。

人が、他人と衝突せずに共存する方法はありません。喧嘩をしない結婚生活も、きっとありません。だけど、「衝突したときに立て直す方法」はあります。「喧嘩したときに仲直りする方法」もあります。

そうして二人が「別れを先延ばし」にしていく意識を持つことで、関係を守れるのだということを、繰り返しお伝えしてきました。

本書のタイトルにある「終わらない恋」とは、別れのない恋愛です。

「別れ」が二人にとっての「不正解」であって欲しい、そんな思いを込めて。

本書を読み進めるにあたって、胸が苦しくなった部分もあったかと思います。それだけ現実的で理論的な回答を意識しました。寄り添って欲しい質問者さんの気持ちがわかるからこそ、私もすこし苦しかったけれど、ここは心を鬼にして。だって恋愛は、ファンタジーでも夢物語でもなく、現実世界に起こっている男女の共同生活だから。理想論では片付けられない、現実的な視点が必要です。

聞き分けのいい彼女になんかならなくていい。尽くす妻なんて目指さなくていい。それよりも、男性にとって「愛することがラクな女性」でいてください。「この子を笑顔にすることはとっても簡単だ」と彼に思われていてください。

あなたが彼の隣でずっと笑顔で過ごせる恋が、「いい恋」です。

たくさんぶつかって、軌道修正して、そのたびに二人にとって最良の方法を見つけていってください。最後にはまた、二人が笑顔になれるように。

あなたの恋が、「終わらない恋」になりますように。心から願っています。

萩中 ユウ（はぎなか ゆう）
株式会社charmonet.代表取締役・愛妻コンサルタント

金融機関、アパレルメーカーで勤務後、自らセレクトショップを立ち上げ経営を行う。その傍らデート服専門のパーソナルスタイリストとしても活動を開始。クライアントから恋愛相談を受けることが多くなり、「彼氏ができた」「結婚が決まった」という報告が続出。現在は、男女のコミュニケーションの違いを的確におさえた愛情ベースの“伝え方”を武器に、愛妻コンサルタントとして活動。20代から50代まで幅広い年齢層の女性に支持され、東京・名古屋・大阪などで行う大規模セミナーは常に満席。講座は半年～1年の予約待ちの状態に。著書に『「1％も尽くさない」で一生愛される～彼が私のファンになるかわいい鬼嫁のススメ』（総合法令出版）『恋愛上手なあの子がすすめる溺愛されるわがままのすすめ』（小社）がある。

HP http://yuhaginaka.com
Blog http://ameblo.jp/youu-code
Twitter http://twitter.com/yu_haginaka
Instagram http://www.instagram.com/yu_haginaka
Facebook http://www.facebook.com/yu.haginaka

終わらない恋のはじめ方

2018年5月30日　第1版　第1刷発行

著　者　萩中ユウ
発行者　玉越直人
発行所　WAVE出版
〒102-0074　東京都千代田区九段南3-9-12
TEL 03-3261-3713
FAX 03-3261-3823
振替 00100-7-366376
E-mail: info@wave-publishers.co.jp
http://www.wave-publishers.co.jp

印刷・製本　萩原印刷

NDC 159　191p　19cm
ISBN978-4-86621-144-2